세상으로 달려 나가는 교회

세상으로 달려 나가는 교회

지은이 | 크레이그 오트
옮긴이 | 박종훈 · 김이슬
초판 발행 | 2026. 2. 11.
등록번호 | 제 1988-000080호
등록된 곳 | 서울특별시 용산구 서빙고로65길 38 두란노빌딩
발행처 | 사단법인 두란노서원
영업부 | 02)2078-3333   FAX | 080-749-3705
출판부 | 02)2078-3330

책값은 뒤표지에 있습니다.
ISBN 978-89-531-5255-7 03230

독자의 의견을 기다립니다.
tpress@duranno.com   www.duranno.com

두란노서원은 바울 사도가 3차 전도여행 때 에베소에서 성령 받은 제자들을 따로 세워 하나님의 말씀으로 양육하던 장소입니다. 사도행전 19장 8-20절의 정신에 따라 첫째 목회자를 돕는 사역과 평신도를 훈련시키는 사역, 둘째 세계선교(TIM)와 문서선교(단행본·잡지) 사역, 셋째 예수문화 및 경배와 찬양 사역, 그리고 가정·상담 사역 등을 감당하고 있습니다. 1980년 12월 22일에 창립된 두란노서원은 주님 오실 때까지 이 사역들을 계속할 것입니다.

The Church on Mission

크레이그 오트 지음

박종훈 · 김이슬 옮김

두란노

하나님의 백성이 최우선으로 삼아야 할 과제, 즉 모든 민족 가운데 일으켜야 할 '그리스도가 중심인 변화'에 관한 성경적이고 총체적인 비전을 제시하는 책이다. 우리의 신앙, 정체성, 목적을 명확하게 일깨워 주는 이 책을 모든 세대가 읽어야 한다.

_ 에드 스테처(Ed Stetzer), 휘튼 칼리지

크레이그 오트는 특유의 정확성, 통찰력, 명료함으로 교회의 선교를 성경적으로 새롭게 재확인한다. 하나님의 영광을 추구하는 동시에 모든 사람 가운데 변혁적 교회를 세우는 사역을 담아 낸 이 책은 우리 모두에게 하나님의 선교를 더 깊이 연구하고 그 일에 적극 참여하라고 촉구한다.

_로셸 L. 슈어만(Rochelle L. Scheuermann), 휘튼 칼리지 대학원

이 책은 교회의 선교에 대해 참신하고 도전적인 새로운 관점을 제시한다. 저자는 교회의 목표와 방향이 '하나님의 영광을 확장하기 위한 변혁'임을 풍성한 성경 주해로 명확히 밝힌다. 교회의 목적이자 목표로서의 '변혁'은 말과 행동, 복음 전도와 사회적 실천, 집단과 개인, 지역과 세계라는 대립하기 쉬운 이분법적 구도 사이의 간극을 메운다. 이 모든 것은 하나의 목적을 지향한다. 즉 하나님의 영광을 위해 개인과 공동체와 사회를 변화시키는 것이다. 저자는 자기중심적이고 개인화된 영성에서 벗어나 목적이 있는 제자도로 나아간다. 이 책은 선교하는 교회의 새로운 비전을 위해 성경에 기초한 정교한 청사진을 읽기 쉽게 제시한다. 나는 변혁을 일으킬 다음 세대를 가르칠 때 이 책을 자주 인용할 것이다.

_A. 수 러셀(A. Sue Russell), 애즈버리 신학교

크레이그 오트는 면밀한 연구와 사려 깊은 문체, 열정적인 주해로 교회와 그 부르심에 대해 서술했다. 이 책은 교회에 대한 혼란과 불확실성과 모호함이 가득한 이 시대에 하나님의 백성과 그들의 사명, 그들의 세상 속 위치에 대해 성경적, 신학적으로 풍성하고도 명쾌하게 설명한다. 독자에게 하나님의 말씀과 하나님의 세상을 배우는 학생이 되라고 권면하며, 전 세계 모든 민족을 향한 하나님의 부르심, 대위임령, 가장 큰 계명에 순종하기 위한 신실하고 시의적절한 비전을 제시한다. 목회자, 교회 지도자, 학생 모두 이 참신하고 매력적이며 쉽게 읽히는 책을 통해 큰 복을 누릴 것이다.

_ 데이비드 S. 도커리(David S. Dockery), **트리니티 국제 대학교, 트리니티 복음주의 신학교**

교회는 오늘날 세상을 향한 하나님의 계획을 이루는 데 핵심적인 역할을 맡았다. 교회가 모든 사람들 가운데서 그 사명을 효과적으로 살아 낼 때 하나님은 영광받으신다. 크레이그 오트는 교회가 감당할 하나님의 선교에 대한 설득력 있는 성경적 토대를 마련했다. 이 책을 읽고 나면 하나님의 마음을 더 깊이 이해하고 예수님이 교회를 통해 행하고 계신 일을 바라보는 시야가 더 넓어질 것이다.

_ 케빈 컴펠리언(Kevin Kompelien), **미국 복음주의 자유 교회 총회장**

크레이그 오트는 세심하고 균형 잡힌 성경 해석에 근거해서, 선교하는 교회에 대한 귀하고 인상적인 다짐을 보여 준다. 변혁적 공동체인 교회는 성경 곧 하나님 말씀의 능력을 의지해서 하나님을 영화롭게 하며, 모든 민족에게 나아가 온 세상에 주의 영광이 가득하게 만들 사명이 있다. 이 놀라운 책은 탁월한 선교 신학자가 성경을 통해 평생 연구해 온 선교적 고찰을 담고 있다.

_ 로버트 갤러거(Robert Gallagher), **휘튼 칼리지 대학원**

목
차

들어가는 말　·　8

1 교회는 하나님의 선교사
진리의 대변인으로 세상에 파송되다　·　12

2 하나님의 새 창조가 시작된 교회
현실 세계에서 하나님 나라를 맛보게 하다　·　36

3 살아 있는 성경인 교회
이 시대의 언어와 방식으로 복음을 소개하다　·　64

4 세상이 예측 못할 힘을 가진 교회
길을 안내하는 빛, 악에 맞서는 소금으로 살다 · 90

5 경계를 지우고 포용하는 교회
편견과 두려움을 이기고 누구든 복음으로 품다 · 118

6 끝없이 확장되는 하나님의 교회
온 세상에 하나님의 영광이 가득할 때까지 · 148

주(註) · 171
부록: 스터디 가이드 · 192

※ 일러두기
이 책의 성경 인용은 《우리말성경》(두란노서원)을 따랐습니다.

모든 세대 그리스도인은 기독교 신앙을 정의하는 근본 교리에 대한 믿음은 물론 교회의 선교를 어떻게 이해하고 있는지 재확인해야 한다. 여러모로 교회의 선교에 대한 이해는 교회가 가진 신학적 확신의 연장선에 있다. 신학적 확신과 교회의 선교는 반드시 성경에 근거해야 하고, 교회는 이 시대 문화가 제기하는 질문과 도전에 반응하면서 복음 메시지를 충실하게 전해야 하고, 하나님이 허락하신 삶의 자리에서 그 복음을 신실하게 살아 내야 한다.

나는 미국 복음주의 자유 교회(Evangelical Free Church of America,

EFCA)의 국제 선교 조직인 리치글로벌(ReachGlobal)의 유럽 지부 초청으로 EFCA의 선교 선언문에 대한 성경 신학적 강해 시리즈를 진행한 적이 있다. 선언문은 다음과 같다. "EFCA는 이 세상의 모든 사람들 가운데 변혁적 교회를 확장(배가)해 나감으로써 하나님께 영광을 돌리기 위해 존재한다." EFCA는 그들의 신앙 고백문에 대한 신학적 강해를 다룬 책 *Evangelical Convictions*(복음주의적 확신, 2011)을 출간한 적이 있지만, 이 선교적 강령에 대해서는 유사한 작업을 한 적이 없다. 나는 신학적이고 선교적인 직감만으로도 이 선교 선언문의 타당성과 설득력을 감지할 수 있었지만, 이 선언문의 성경적 근거를 거꾸로 추적하며 분석할수록 이 선언문이 교회의 선교를 간결하면서도 성경적으로 훌륭하게 표현하고 있다는 확신이 마음속에 차올랐다. 실로, 이 선언문에 대한 신학적 해석과 그 의미를 제공하는 것이 EFCA를 넘어 다른 교회에도 큰 도움과 영감을 줄 수 있으리라 믿는다. 2016년 10월 루마니아 부쿠레슈티에서 진행한 여섯 차례 강의가 이 책의 여섯 장을 이루는 토대가 되었다.

나는 이 작은 책으로 그리 거창한 목표를 이루려는 것이 아니다. 다만, 핵심 성경 본문을 통해 교회의 선교에 대한 분명하고 설득력 있는 비전을 제시하고자 한다. 이 책을 통해 교회와 선교 단체, 신학생들이 교회의 선교가 무엇인지 깊이 이해하며 하나님의 선교에 보다 의도적으로 동참할 수 있기를 소망한다. 이 책에서는 선교에 대한 폭넓은 신학적 지식이나 이를 적용하기 위한 구체적인 단계는 제시하지 않았다. 다만, 풍부한 각주를 제공해서 더욱 깊이 있는 신학적 연구와 선교적 적용을 할 수 있는 자료를 안내하고자 한다.

원고를 읽고 유익한 조언을 해 준 수많은 동료와 친구에게 감사를 드린다. 특히 EFCA의 그레그 스트랜드(Greg Strand)와 어니스트 맹스(Ernest Manges), 트리니티 복음주의 신학교(TEDS) 동료인 피터 차(Peter Cha), 스티브 그레고(Steve Greggo), 다나 해리스(Dana Harris), 테리 라우(Te-Li Lau), 데이비드 루이(David Luy), 탐 맥콜(Tom McCall), 더그 스위니(Doug Sweeney), 에릭 툴리(Eric Tully), 케빈 밴후저(Kevin Vanhoozer), 로슨 영거(Lawson Younger)에게 깊이 감사한다. 물론 이 책에 미흡한 점이 있다면 필자가 부족한 탓이다. 개인적으로 큰 버팀목이 되어 주었을 뿐 아니라 이 책을 집필하는 동안 유능한 대화 상대가 되어 준 탁월한 선교 역사학자인 아내 앨리스(Alice)에게 깊은 감사를 표한다.

마지막으로, EFCA와 리치글로벌, 수많은 후원자 여러분께 깊은 감사의 말씀을 드린다. 이분들의 후원이 아니었다면 트리니티 신학교에서 리치글로벌 선교학 석좌 교수직을 맡아 학생들을 가르치고, 이곳저곳 여행하며, 원고를 집필하는 것은 감히 바라지 못했을 것이다. 그들의 귀중한 격려 덕분에 지치지 않고 이 작업을 마무리할 수 있었다.

이 책에서 다루는 몇몇 주제들은 논쟁의 여지가 있고 복음주의자들 사이에서도 의견이 갈린다. 이 책의 저자로서 성경적 견해를 견지하면서 균형 잡힌 논의를 제공하려고 노력했지만, 일부 독자에게는 나의 접근이 편향되거나 부당한 것으로 생각될 수 있음을 안다. 이는 분량이 작고 특정한 목적을 지닌 책의 한계이기도 하다. 그렇기에 내 견해를 더욱 상세히 다룬 저서나 공동 작업한 책을 주석에 제시했으며, 나와 대화를 나누고 싶다면 언제든 환영이다.

무엇보다도, 이 작업이 교회와 선교 단체, 학교와 신학교에서 활발한 토론으로 이어지기를 소망한다. 바울이 전한 말씀을 받아들이고 "바울이 말한 것이 사실인지 알아보려고 날마다 성경을 찾아보았던"(행 17:11) 베뢰아 사람들처럼, 독자들에게도 동일한 마음이 부어져 성경을 깊이 탐구하게 되기를 소망한다. 이를 통해 교회의 선교에 대한 더욱 분명하고 명확한 비전을 얻게 되기를 희망한다.

교회는 하나님의 선교사

진리의 대변인으로 세상에 파송되다

교회의 선교란 무엇인가? 이 질문에 내리는 대답은 교회의 비전을 세우고, 우선순위를 설정하며, 교회의 에너지와 자원을 활용하고, 그 효율성을 평가할 때 핵심적인 역할을 한다. 교회의 선교가 의미하는 바를 명확히 이해하는 것은 이 세상에 있는 하나님의 백성을 향한 하나님의 목적과 선교에 맞추어 교회의 뜻을 세워 나가는 데 매우 중요하다. 이 질문에 할 수 있는 포괄적인 답변은 많지만, 지나치게 폭넓고 통념적인 답변은 교회에 구체적이고 실용적인 지침을 주지 못할 것이다. 반면에 너무 폭이 좁은 답변은 하나님이 교회를 통해 이루고자 하시는 중요한 목적을 놓칠 위험이 있으며, 현대 사회에서 사역할 때 마주하는 급격한 문화적 변동과 복잡한 난제에 적절히 대응하지 못할 가능성이 있다.

먼저 나는 성경의 가르침에 근거한 답변을 제시하려 노력할 것이다. 일반 기관이나 특수 전문 사역과는 다르게, 교회는 자신의 선교를 정의 내리는 일에서도 자유롭지 못하다. 교회는 다양한 뉘앙스와 강조점을 내포한 선교 선언문을 다양한 방식으로 작성할 수 있는데, 이때 유념해야 할 점은 교회를 세우신 분은 하나님이며 교회를 세우신 이유는 바로 그분의 목적 때문이라는 사실이다. 이 부르심은 성경에 상세하게 기록되어 있으며, 그분의 백성인 우리의 역할은 그 소명을 분명하게 분별하는 것이다.

그러한 선교, 다시 말해 하나님의 선교와 합치되는 삶을 살려면 교회를 어떻게 이해하고 있는지 거듭 확인하고, 우리의 에너지가 어디에 소비되고 있는지 점검하며, 우리의 동기 안에 있는 불순물을 제거해야 한다. 이 일에 실패한다면 우리의 촛대가 옮겨지는 위험을 자초할 것이다(계 2:5). 그러나 성령께서 교회에 주시는 말씀을 들을 줄 아는 이들은 큰 상을 받을 것이다. 선교는 우리를 겸허하게 만드는 특권이면서 우리에게 주어진 막중한 책임이며, 하나님의 위대한 구속 이야기에 동참할 수 있는 기쁨의 여정이기도 하다.

물론 이 작은 책으로 이 주제에 걸맞은 깊이 있는 내용이나 성경 연구를 다 다룰 수는 없을 것이다. 그러한 목적이라면 다른 자료를 참고하길 권한다.[1] 이 책의 목표는 소박하다. 성경적 비전을 제시하는 것이다. 나는 교회를 향한 하나님의 목적은 교회가 열방 가운데 변혁적 교회들을 확장(배가)함으로써 하나님께 영광을 돌리는 것[2]이라는 비전을 간결하게 설명하고자 한다. 이 선언문을 여섯 가지 관점에서 풀어 나갈 것이다. 즉 변화의 근간이자 목적인 하나님의 영광(1장), 변화를 일으키는 새 창조된 공동체로서의 교회(2장), 변화를 일으키는 하나님 말씀의 능력(3장), 교회가 세상에서 변화를 일으키는 영향력(4장), 모든 민족에게 가닿는 변화(5장), 온 땅이 하나님의 영광으로 충만해지는, 확장(배가)을 통한 변화(6장)다.

한 가지 짚고 넘어갈 점이 있다. 여기서 일컫는 교회의 선교는 해외 선교나 전도에 국한되지 않는다(그것도 분명히 교회 선교의 일환이지만). 나는 '선교'라는 용어를 이 세상에 교회를 보내시는 하나님의 전반적인 목적이라는 측면에서 사용하고 있다. 이것은 교회가 파송한 선교사들이 수행해야 할 사역을 말하는 것이 아니다. 선교사들의 사역은 지역 교회의 선교와 관련이 있지만, 그 범위는 지역 교회의 선교보다 제한적일 수 있다.[3] '선교'(mission)라는 용어는 '보냄'(sending)이라는 뜻의 라틴어 단어에서 유래했으며, 하나님은 '보내시는 하나님', 곧 '선교사 하나님'으로서 예언자들과 천사들을 그분의 말씀 전달자로 보내셨고 궁극적으로는 자신의 아들을 이 세상을 구원하시고자 보내셨다.

오늘날에도 하나님은 그분이 앞으로 이루실 구원과 회복의 사역을 위해 성령의 권능에 힘입은 교회를 세상으로 보내신다. 예수님이 제자들에게 "아버지께서 나를 보내신 것처럼 나도 너희를 보낸다"(요 20:21)라고 말씀하셨던 것처럼 교회는 실로 하나님의 선교사들이며 파송된 자들이다. 사도 베드로는 이를 이렇게 표현했다. "그러나 여러분은 택하신 족속이요, 왕 같은 제사장들이요, 거룩한 나라요, 그분의 소유된 백성이니 이는 여러분을 어둠에서 불러내어 그분의 놀라운 빛으로 들어가게 하신 분의 덕을 선포하게 하기 위한 것입니다"(벧전 2:9).

1962년 요하네스 블라우(Johannes Blauw)가 집필한 짧지만 영향력 있는 고전인 《교회의 선교적 본질》(*The Missionary Nature of the*

Church)은 제목이 시사하듯 교회의 선교적 본질을 다룰 뿐 아니라, 교회는 세상 **바깥으로** 부름을 받고 세상 **가운데** 거하게 되었으며 **세상으로** 보내진 하나님의 백성으로서 '교회의 신학'은 곧 '선교의 신학'이라고 주장한 혁신적인 성경 연구서였다.[4] 이러한 관점에서 볼 때 하나님이 교회를 보내시는 목적, 다른 말로 교회의 선교는 교회의 정체성 자체라고 할 수 있다.

이 시대에 하나님의 나라를 증언할 주된 도구로 부름받은 우리는 하나님의 구속사적 목적이라는 큰 그림과 역사적 목적에 비추어 교회의 위치를 이해해야 한다. 이를테면, 교회의 선교는 예수님이 처음 이 땅에 오신 후부터 다시 오실 때까지 계속될 것이며, 바로 이것이 교회 선교의 시작과 마지막이다. 리처드 보컴(Richard Bauckham)은 이렇게 표현한다. "선교는 예수님 이야기에 드러난 하나님의 특별한 일하심으로 시작되어 하나님 나라가 이 세상에 임하게 될 그날까지의 여정 가운데 일어나는 것이다."[5] 예수님이 처음 이 땅에 오셨을 때 하나님이 통치하시는 나라가 이미 우리 가운데 시작되었음이 선포되었다. 악의 권세와 죄의 열매가 심판을 받는 곳에 하나님의 나라는 이미 임했다.[6] 그렇지만 예수님이 이 땅에 다시 오실 때 하나님의 나라가 비로소 온전히 이루어지고 모든 악한 세력은 완전히 멸망할 것이다. 데이비드 보쉬(David Bosch)는 이렇게 말했다.

선교에 있어서 교회는 이미 임한 하나님 나라와 앞으로 온전히 이루어질 하나님 나라의 긴장 사이에 존재한다. 그래서 선교는 본질적으로 그리스도 안에서 **이미 임한** 하나님의 통치를 증언하며, 그와 동시에 **앞으로 임하실** 하나님의 통치라는 관점을 제시한다. 교회의 선교적 선포는 그리스도의 부활과 재림 사이에 인류의 역사를 통해 이루어지는 구원의 의미와 관련된다. 세상 속에 교회가 존재하는 이유는 교회가 이 세상에서 감당해야 하는 **선교** 때문이다. … 따라서 이 세상의 마지막 때를 조명하는 신학은 교회의 심오한 선교사적 책임을 조명한다.[7]

교회는, 이미 임했고 앞으로 완성될 하나님의 구속 역사와 이 시대에 교회가 행해야 할 선교적 역할 때문에 존재한다.

우리는 앞으로 도래할 하나님 나라가 영원한 나라라는 것을 잊어서는 안 된다(벧후 1:11). 교회는 진리를 선포하고 그 진리를 실제로 살아 냄으로 하나님 나라 복음의 증인이 되는데, 증인으로서 온 세상에 선포하는 메시지는 다음과 같다. 즉 예수 그리스도만이 "이 악한 세대에서 우리를 건져 내실" 유일한 분이며(갈 1:4), 그분을 통해 우리는 심판에 이르지 아니하고 사망에서 영생으로 옮겨졌으며, 그분 안에 거함으로써 다른 어떤 이름으로도 받을 수 없는 구원을 받게 된다(행 4:12). 이 시대에 우리가 무엇을 하느냐는 앞으로 도래할 시대를 가늠케 하고, 우리의 이러한 행위는 영원한 결과를 초래한다. 하지만 영원한 삶은 우리가 살아가는 이 세상에서 시작된다. 이 세상 권세는 사라지지만, 우리가 지금 이 땅에서 살아 내는, 세상 사람들과 구별되는 삶은 이 세상이 끝난 뒤에도 계속될 것이다.[8] 신약 성경이 삶의 영적인 차원을 강조하는 것은 분명한 사실이지만 육체적 및 사회적 차원의 중요성도 간과하지는 않는다.[9] 우리가 이 땅에서 하나님 나라를 살며 행하는 일들은 (누군가의 비유처럼) 마치 침몰하는 타이타닉호에서 갑판 의자를 정리하는 그런 무의미한 행동과는 비교할 수 없다. 그렇지만 반드시 영원한 관점 위에 우리의 생각과 행동을 뿌리내려야 한다. 따라서 교회가 자신이 지닌 세상 속 선교적 사명을 잘 이해하고 있는지는 지극히 중요한 사안이다. 우리의 모든 행위의 결과는 영원하다.

이 책은 이 세상의 모든 사람들 가운데 변혁적 교회를 확장해 나가며 하나님께 영광을 돌린다는 선언문으로 요약된 바와 같이, 교회의 선교를 성경적으로 강해하려는 시도다. 그러나 첫머리에서 이 선언문을 접한 일부 독자들은 "선언문이 지나치게 교회 중심적이고 하나님 나라 중심적이지 않다", "복음 선포에 충분한 관심이 없다", "지나치게 양적 성장에 치중한다", "성령에 대해 충분히 다루지 않는다" 등과 같은 이의를 제기할 수도 있다. 선언문을 피상적으로 읽으면 그러한 우려가 제기될 수 있다는 점에 동의한다. 그러나 이 책에서 나는 선언문의 핵심을 나누어 설명하고자 한다.

'변화'(Transformation)의 의미

삶의 변화가 이 선교 선언문에서 핵심 개념이므로 가장 먼저 '변화'의 의미를 명확히 해야 한다. '변화시키다', '변혁' 같은 단어들은 신학 및 선교적 상황에서 다양하게 사용되어 왔다. 일례로, 사람들은 "변혁적 지역 신앙 공동체"[10], "통전적 선교", "사회 변혁"[11] 혹은 도시 전역을 "변화시키는" 기도 운동 등을 언급한다.[12] 때로 탈근대적 사회에서 진행되는 선교 신학의 패러다임 전환을 표현하는 데 이 용어가 사용되기도 한다.[13]

그렇다면 변화(변혁)라는 개념을 이 책에서 그리고 이 선언문에서 어떻게 이해해야 할까? 교회는 최소 두 가지 의미에서 변혁적이라고 할 수 있다. 첫 번째는 복음이 삶을 변화시킴으로 각 개인과 회중에 일어나는 변화다. 이 변화는 대부분 교회 안에서 일어난다. 두 번째 변화는 변화를 받은 각 개인과 회중이 주변 사람들과 공동체에 일으키는 변화다. 이 두 관점은 밀접하게 연결되는데, 이 책에서는 두 관점을 오가며 변혁적 교회가 된다는 것이 무엇을 뜻하는지 살펴볼 것이다.

변화(변혁)란 항상 어떤 것에서 다른 것으로 달라지는 것과 관련이 있으며, 이 달라짐은 대상의 본질이나 본성에 실질적인 영향을 미친다. 따라서 세상을 변화시키는 교회를 말하고자 할 때 마주하는 두 질문은 "무엇이 변화의 대상인가?", "변화가 어떻게 일어나는가?"다. 이에 답하기 위해 먼저 신약 성경에서 말하는 '변화'를 알아보겠다. 성경은 '변화시키다, 변형시키다'(transform) 혹은 '변화'(transformation)라는 구체적인 단어를 사용하지 않으면서도 개인과 공동체에 일어나는 극적인 변화의 다양한 측면을 설명한다. 그럼에도, 헬라어 metamorphoō(메타모르포오, '변화시키다')가 성경에서 어떻게 사용되는지 살펴보는 것은 좋은 시작점이다.

신약의 관점에서 '변화'를 이해하려면 1세기에 메타모르포오(metamorphoō)가 일반적으로 어떻게 받아들여졌는지 살펴볼 필요가 있다. 1세기 신약 성경 독자들은 이 단어를 처음 듣고 무엇을 떠올렸을까? 분명히 현대인들이 연상할 만한, 애벌레가 나비가 되는 탈바꿈 같은 것은 아니었을 것이다. 대부분의 1세기 독자들은 메타모르포오를 그들이 숭배하는 신들이 발휘하는, 변화를 일으키는 힘, 즉 당시 사회에서 일반적으로 용인된 종교적 의미로 친숙하게 여겼을 가능성이 높다.[14] 엘리에제르 곤잘레스(Eliezer González)는 "그리스–로마 사회에서 전통 신화가 지니는 근본적 역할과 황제 숭배 문화의 보편성을 고려하면, '변화'는 잘 이해되던 개념이었을 것이다. 그러나 이 개념은 그들의 문화와 종교 시스템이 기반이 된 전통적 문화의 틀 안에서 이해되었고, '변화'란 그들이 숭배하던 신들의 마술적 능력을 의미했다"라고 이야기한다.[15]

1세기 초, 로마 시인 오비디우스(Ovid)는 신들이 행한 다양한 마술적 능력을 다룬 250여 개 그리스 신화를 엮어《변신 이야기》(*Metamorphoses*)를 편찬했다. 이 모음집에는 다음 이야기들이 들어 있다.

- 칼리스토는 제우스에게 강간당한 뒤에 곰으로 변한다.
- 아라크네는 아테나에 의해 거미로 변한다.
- 시링크스는 호색적인 신 판(Pan)에게 쫓기다가 갈대로 변하고, 판은 그 갈대로 최초의 팬파이프를 만든다.
- 피그말리온은 자기가 조각한 동상과 사랑에 빠져 이 동상이 살아 있는 여자로 변하기를 간곡히 빈다.
- 제우스는 안티오페를 유혹하기 위해 사티로스로, 다나에를 유혹하기 위해 황금 비로, 레다를 유혹하기 위해 백조로, 유로파를 유혹하기 위해 황소로 변신했다.[16]
- 《변신 이야기》의 절정은 율리우스 카이사르가 사후에 승천하고 신격화되면서 이루어진 변화다.[17]

모두 실제적이고 초자연적인 변화다. 변화라는 용어는 신약과 구약의 중간 시기에 쓰인 유대교 문헌에도 등장한다. 인간이 비록 하나님 같은 존재가 될 수는 없으나 천사와 비슷한, 심지어는 천사보다 더 영광스러운 존재로 변화될 수 있다는 개념은 같은 시기의 유대교 문헌에 등장하는 중요한 주제였다.[18] 곤잘레스는 이를 다음과 같이 요약했다. "고대 사회에서 변화(metamorphosis)는 신적인 존재와 조우한 결과로 이해되었던 개념이다. '변화'는 고대 종교 전반에서 발견되는 실제적인 현상이었다."[19] 그렇기에 변화라는 개념은 신약 성경을 접한 초대 교인들에게 친숙했을 가능성이 크다.

구약 성경에는 '변화시키다'로 번역될 만한 특정 단어가 존재하지는 않지만 그 개념은 분명 구약에, 특히 새 언약에 분명히 드러난다. 예레미야를 통해서 하나님은 약속하셨다. "내가 그들에게 한마음과 한길을 주어 … 나를 항상 경외하게 할 것이다. … 그들의 마음에 나를 경외함을 두어 그들이 나를 떠나지 않게 할 것이다"(렘 32:39-40). 에스겔을 통해서는, "내가 너희에게 새로운 마음을 주고 너희 안에 새로운 영을 줄 것이다. 내가 너희 육신으로부터 돌과 같이 굳은 마음을 없애고 너희에게 살처럼 부드러운 마음을 줄 것이다. 그리고 내가 내 성령을 너희 안에 주어서 너희로 하여금 내 법령을 따르며 내 규례를 지키고 행하게 만들 것이다"라고 약속하셨다(겔 36:26-27). 그러므로 하나님은 용서를 넘어 자신의 백성과 새로운 관계를 맺으시리라 약속하시는데, 이러한 관계는 내적 삶 및 의지와 관련되는 마음의 변화를 일으키고, 이를 통해 그들은 하나님을 사랑하고 섬길 수 있게 된다. 이러한 약속은 신약 시대에 이르러 메시아의 구원 사역과 성령에 의한 삶의 변화로 성취되었다.[20]

신약 성경에 기록된 '변화'

헬라어 신약 성경에서 메타모르포오(metamorphoō)는 다양한 형태로 네 번 등장한다. 신약의 저자들은 당시 친숙했던 이 종교적 용어를 차용하여 새로운 의미를 부여했다. 이것은 신약에 흔히 등장하는 상황화(contextualization)의 훌륭한 예시로, 저자들은 이방인에게 친숙한 용어를 선택한 후 새로운 의미를 부여해서 복음을 이해하는 다리 역할로 만들었다. 이에 대해 W. A. 비서트 후프트(W. A. Visser't Hooft)는 이렇게 설명한다. "복음의 순결성을 지켜 내는 것이 중요한 관심사였던 것은 틀림없지만, 신약 성경의 저자들은 복음이 전 세계에 알려지고 이해되는 일에도 큰 관심을 기울였다. 그들은 놀라운 용기와 상상력을 가지고 기꺼이 영적 위험을 감수했고, 이방인도 쉽게 이해할 수 있는 단어를 적극 사용하기를 두려워하지 않았다."[21]

신약 성경에서 메타모르포오가 사용된 여러 구절에 공통으로 등장하는 주제가 있는데, 그것은 바로 **하나님의 영광**이다! '하나님의 영광'은 우리 선교 선언문에서 가장 핵심적인 구절인 동시에 교회 선교의 궁극적인 목적이다. 복음서에서는, 마태복음과 마가복음에서 각각 한 번씩 메타모르포오를 사용해서 제자들 앞에서 일어난 예수님의 변화(변형)를 묘사한다. "예수께서는 그들 앞에서 모습이 **변모돼** 얼굴이 해처럼 빛나고 옷이 빛처럼 새하얗게 됐습니다"(마 17:2; 참고. 막 9:2).[22] 예수님의 육신의 몸이 일시적으로 변화되어 제자들은 초월적이고 영원하신 하나님의 존재를 두 눈으로 목격한다. 베드로는 이 점을 강조하며 예수님이 변화하심으로 "하나님 아버지로부터 존귀와 영광을 받으셨습니다"라고 기록한다(벧후 1:17).

이 단어는 사도 바울의 서신에서도 두 번 사용된다. 로마서 12장 2절은 말한다. "여러분은 이 세대를 본받지 말고 오직 마음을 새롭게 함으로 변화를 받아 하나님의 선하시고 기뻐하시고 온전하신 뜻이 무엇인지 분별하도록 하십시오." 이 구절은 이 책 3장에서 다시 면밀히 살펴볼 것이다. 이 지점에서 주목할 사실은, 성도는 하나님을 믿어야만 마음이 새롭게 되어 변화를 받을 수 있고, 그 결과 하나님의 뜻을 분별한다는 것이다. 따라서 우리가 받게 될 변화는 단지 외적인 행동이 아니라 내면에서 시작되어 외부로 드러나는 것이며, 하나님의 뜻을 분별하는 것만이 아

니라 하나님의 뜻에 순종하는 삶을 살아 냄으로 하나님을 영광
스럽게 한다는 의미다.

기독교인의 변화를 풍성하게 서술하는 구절은 고린도후서
3장 18절이다. "우리는 다 벗은 얼굴로 주의 영광을 바라보는 가
운데 그와 같은 형상으로 변화해 영광에서 영광에 이르게 됩니
다. 이 일은 주의 영으로 말미암습니다." 주의 영광과 변화 사이
의 밀접한 연관성을 여기서 다시 한 번 확인할 수 있다. 본래 인
간은 하나님의 형상을 본떠 창조된 존재로, 이는 어떤 의미에서
인간이 하나님의 영광을 드러내도록 지어졌음을 뜻한다. 그러나
이 세상에 들어온 죄로 인해 완전히 지워진 것은 아닐지라도 그
형상은 손상되었다. 이제 인간은 하나님의 영광을 금이 가거나
뿌연 거울로 비추듯 드러낼 수밖에 없게 되었다. 죄로 인해 하나
님의 영광에 이르지 못하는 상태가 되었고(롬 3:23), 영원한 심판
은 "주의 얼굴과 그분의 영광스러운 능력"에서 끊어지는 것으로
묘사된다(살후 1:9).

하지만 인간을 변화시키는 성령님의 일하심은 우리를 하나
님의 형상을 따라 새로워지게 하며(골 3:10), 하나님의 영광을 드
러내는 우리의 능력을 새롭게 한다. 이 같은 우리의 변화는 영광
이 점진적으로 커지는 과정으로 묘사된다. 즉 우리의 죄로 인한
타락과 잃어버린 하나님의 영광에서 시작하여 점차 그리스도의
형상을 더욱 영화롭게 드러내는 과정, 곧 그리스도를 닮아 가는

여정이다. 《메시지 성경》은 고린도후서 3장 18절을 이렇게 번역한다. "하나님께서 우리 삶에 들어오시고 우리가 그분을 닮아 갈 때 우리는 메시아를 꼭 닮은 형상으로 변화되고 우리 삶은 점점 더 밝아져서 보다 아름다워질 것입니다."

이 변화는 이 세상의 마지막 때에 일어나는데, 이 세상에서 지금 시작되지만 궁극적으로는 예수 그리스도께서 다시 오실 때 완성되는 변화다. 빌립보서 3장 20-21절에서는 다소 다른 헬라어 용어를 사용해서 예수님이 다시 오실 때 일어날 믿는 자의 육체적 변화를 묘사한다. "그러나 우리의 시민권은 하늘에 있습니다. 우리는 그곳으로부터 구원자, 곧 주 예수 그리스도를 기다립니다. 그분은 만물을 그분에게 복종시킬 수 있는 능력으로 우리의 천한 몸을 그분의 영광스러운 몸과 같은 형상으로 **변화시켜**(metaschēmatisei) 주실 것입니다." 여기서 믿는 자의 육신은 그리스도의 **영광스럽고도** 변화된 육신처럼 변화된다. 데이비드 G. 피터슨(David G. Peterson)은 "예수님의 변화는 **영적인** 것이자, 순종과 섬김의 새로운 삶이 완성된 **육신적인** 것으로, 이 변화는 우리로 하여금 새 창조 안에서 그리스도의 부활에 궁극적으로 동참하게 한다"[23]라고 말했다.

바울과 마찬가지로 사도 요한은 그리스도의 육신에 대해 이렇게 말한다. "그리스도께서 나타나시면 우리도 그분과 같이 될 것임을 우리는 압니다. 우리가 그분을 있는 모습 그대로 볼 것이기 때문입니다"(요일 3:2). 현재 우리가 드러낼 수 있는 하나님의 영광이 불완전하듯 하나님의 영광을 드러내는 우리의 변화도 불완전할 수밖에 없다. 그러나 그분이 다시 오실 때 우리는 그분의 참모습을 온전히 보게 될 것이고, 그분을 닮아 가는 우리의 변화도 완성에 이를 것이다.

새로워진 이 형상은 하나님 자신의 영광, 하나님의 영광으로부터 나오는 그리스도의 영광, 우리 안에 있는 그분의 생명으로 이해될 수 있다. 이러한 변화를 일으키는 주체는 우리 자신이 아니라 성령이시다. 곤잘레스는 이를 이렇게 설명한다. "바울 서신에서 '메타모르포오'(metamorphoō)는 항상 수동태로 사용된다. 이 변화의 주체는 하나님이시며, 인간의 변화 목적은 그리스도를 닮는 것이다. 이는 그리스도의 '형상'(εἰκών)으로 표현되기도 하고, '그리스도 안에서'(ἐν Χριστος)라는 모티프로 나타나기도 한다."[24] 초기 교회 교부인 요한 크리소스토무스(John Chrysostom)는 이러한 변화를 품격 있게 표현한다. "마치 순은이 햇빛을 받으면 그것이 지닌 고유의 특성이 아니라 태양 때문에 더욱 빛을 발하는 것처럼, 이제 은보다 찬란하고 정결해진 우리의 영혼이 성령의 영광에서 오는 빛을 받으면 그 빛을 되비치게 될 것이다."[25] 햇빛을 반사하는 거울처럼 우리는 우리 자신의 영광이 아니라 우리 안에 비친 하나님의 영광을 반사하게 될 것이다. 고대 세계의 거울은 동으로 만들어졌기에 온전히 반사할 수 없었다. 그리스도께서 다시 오실 때까지 우리도 그와 같을 것이다.

놀랍게도, 고린도후서 3장 18절은 "우리는 다"라는 말로 시작한다. 이 변화는 그리스의 신비스러운 소수 종교 집단이나 (이전에 서술한 것처럼) 모세와 같이 하나님을 섬기는 아주 특별한 자들에게만 국한된 것이 아니라, 주의 영광을 바라보는 모든 자들에게 임한다. 이 변화는 주술 행위나 종교 의식 혹은 고행을 통해 일어나지 않는다. 성령께서 일으키시는 변화는 헬라어 신약 성경에서만 발견되는 독특한 단어로 묘사되는데, 이 단어들은 "바라봄"(beholding, ESV) 또는 "묵상하다"(contemplate, NIV)와 같이 다양하게 번역되기도 하지만 "반사하다"(reflect/reflecting, ESV, NIV 각주 참고)로도 번역된다. '반사하는 것'과 '바라보는 것'은 이중적이고 모호한 의미를 갖는데 바울은 이 단어를 의도적으로 사용했을 것이다. 실제로 그런 일이 일어나기 때문이다. 주님의 영광을 바라볼 때 그 영광은 우리의 삶으로 반사되기 시작하고, 이 과정 전체가 우리를 변화시킨다.

주의 영광을 바라본다는 것 혹은 묵상한다는 것은 무엇을 의미하는가? 창조로 인해 하나님의 영광 중 일부가 드러났으나 (참고. 시 19:1-6), 결국 하나님이 성경을 통해 계시하신 대로 그분을 이해해야 한다. 하나님의 성품과 목적을 보여 주는 성경을 공부하고 묵상할 때 하나님의 영광이 분명히 드러날 것이다. 이를 통해 하나님의 성품인 의로움과 거룩함, 은혜와 자비, 공의와 인

자하심을 알게 되고, 그와 더불어 창조와 역사 속에서 하나님이 어떻게 일하셨는지를 알게 된다. 아들의 성육신을 통해 자신을 나타내신 것보다 하나님의 영광을 더 밝게 보여 주는 것은 없다.

몇 구절 뒤에, 바울은 하나님의 형상인 "그리스도의 영광스러운 복음"에 대해 기록한다(고후 4:4; 참고. 6절). 요한은 이에 대해 더욱 심오한 말을 전한다. "그 말씀이 육신이 돼 우리 가운데 계셨기에 우리는 그분의 영광을 보았습니다. 그것은 은혜와 진리가 충만한 아버지의 독생자의 영광이었습니다"(요 1:14). 히브리서는 하나님의 아들에 대해 이렇게 선포한다. "그 아들은 하나님의 영광의 광채이시며 하나님의 본체의 형상이십니다. 또한 그분은 그분의 능력 있는 말씀으로 만물을 붙드시며"(히 1:3). 하나님의 영광에 대해 묵상할 때 근본적으로 그리스도를 알아 간다. 다시 말해 이것은 지극히 그리스도 중심적이다.

하나님의 영광을 드러내기 위해 변화된다는 것은 곧 예수님처럼 살고 사랑하며 마음이 상한 자를 돌보고 병든 자를 치유하며 진리를 선포하고, 예수님처럼 순결하며, 예수님처럼 다른 이들을 희생적으로 섬기는 삶이다. 이것이 바로 한때 하나님의 영광에 이르지 못했던 죄인인 우리 안에서 드러나는 하나님의 성품이다. 이것이 하나님의 일하심이고, 하나님의 은혜로만 가능한 일이다. 이 일로 우리는 하나님을 영광스럽게 한다. 예수님은 산상수훈에서 이렇게 가르치셨다. "이와 같이 너희도 너희 빛을 사람들에게 비추라. 그래서 그들이 너희 선한 행실을 보고 하늘에 계신 우리 아버지께 영광을 돌리게 하라"(마 5:16).

이렇게 하나님의 영광을 바라보는 것은 시작에 불과하다. 하나님의 영광은 교회 안에서, 공동체 안에서 신자들 간의 교제를 통해 더욱 풍성하게 드러나는데, 이는 한 개인만으로는 드러낼 수 없는 방식이다. 이것이 하나님께서 교회를 통하여 그분의 지혜를 세상에 드러내시는 방법이다(엡 3:10). 사랑은 하나님의 백성을 정의하는 특징이고(요 13:35), 제자들 간의 사랑과 하나 됨은 하나님의 영광을 드러내고 세상 앞에서 그 영광을 증언한다. 예수님은 이렇게 기도하셨다. "아버지께서 내게 주신 영광을 내가 그들에게 주었습니다. 이것은 우리가 하나인 것같이 그들도 하나가 되게 하려는 것입니다. 내가 그들 안에 있고 아버지께서 내 안에 계신 것은 그들이 완전히 하나가 되게 하려는 것입니다. 그것은 또, 아버지께서 나를 보내신 것과 아버지께서 나를 사랑하신 것처럼 그들도 사랑하셨다는 것을 세상이 알게 하려는 것입니다"(요 17:22-23). 이와 같이, 우리는 공동체인 하나님의 백성으로서 삼위일체이신 성부, 성자, 성령 하나님의 영원한 사랑을 비추어 낸다.

로마서 15장 5-7절의 바울의 기도는 화합과 포용의 공동체가 어떻게 하나님을 영광스럽게 하는지를 보여 준다. "이제 인내와 위로의 하나님께서 여러분으로 하여금 그리스도 예수를 본받아 서로 같은 뜻을 품게 하시고 한마음과 한입으로 하나님, 곧 우리 주 예수 그리스도의 아버지께 영광을 돌릴 수 있게 해 주시기를 빕니다. 그러므로 그리스도께서 하나님의 영광을 위해 우리를 받아 주신 것처럼 여러분도 서로 받으십시오." 바울은 에베소 교회에 쓴 편지의 첫머리에서 우리를 향한 하나님의 목적을 더욱 담대하게 선포한다. 그리스도 안에서 우리가 택함받은 것은 "하나님 은혜의 영광을 찬미하게 하기 위한 것"이고(엡 1:6), 그리스도 안에서 소망을 지닌 우리가 "하나님의 영광을 찬미하게 하기 위한 것"이며(12절), 성령과의 약속을 굳게 붙드는 것은 "하나님의 영광을 찬미하도록 하기 위한 것"이다(14절).

그러므로 이제 최소한 무엇이 변화되고 어떻게 변화되는지를 알았다. 먼저, 변화의 대상은 그리스도를 믿는 자들과 그분의 백성 된 교회이며, 이들이 변화됨으로 하나님의 사랑과 성품이 드러나고, 이들은 하나님의 영광을 위해 살아가게 된다. 둘째로, 이 변화는 성령의 일하심을 통해 이루어지며, 우리 안에 새로운 삶이 창조됨으로 변화가 시작되고(딛 3:5) 그리스도 안에 있는 하나님의 영광을 묵상하는 과정을 통해 자라난다(고후 3:18). 변혁적 교회는 복음 전도와 제자 훈련을 통해 개인 안에 내적 변화를 일으키는 하나님의 도구가 된다. 그러나 성령의 변혁적인 사역이 지닌 파급력은 여기서 멈추지 않고 가족과 교회, 더 나아가 지역 사회 전체로 점차 확산된다.

하나님의 영광,
변화와 선교의 원천이자 목적

이제까지의 논의를 통해 변화의 중심에 하나님의 영광이 있음을 알았다. 진심으로, 우리는 무엇을 하든 하나님의 영광을 위해 해야 한다(고전 10:31). 하나님의 영광을 묵상함으로 성도는 그 영광을 비추어 내는 존재로 변화된다. 성경의 주요 본문들은 주로 개인의 변화를 언급하지만, 이러한 변화는 모든 차원에서 선교적 변혁의 패러다임이 되기도 한다. 존 파이퍼(John Piper)는 "교회의 궁극적인 목표는 선교가 아니다. 예배가 궁극적인 목표다. 선교가 존재하는 이유는 그곳에 예배가 존재하지 않기 때문이다. … 선교의 동력이자 목적은 예배다"라는 유명한 말을 남겼다.[26]

크리스토퍼 J. H 라이트(Christopher J. H. Wright)는 이를 확장해서 말했다. "선교가 존재하는 이유는 예배가 있기 때문이라고 할 수 있다. 예배는 교회가 선교를 감당할 힘을 주고 선교를 위한 교회의 특성을 규정할 뿐 아니라, 다음 사실을 계속 깨닫게 한다. 곧 우리의 예배가 하나님의 실존과 행하심에 대한 응답이듯, 우리의 모든 선교도 하나님이 먼저 시작하신 선교에 대한 순종의 반응이며 그 사역에 참여함으로써 흘러나온다."[27]

물론 여기서 의미하는 예배란 단순히 집회에 참석하거나 찬양을 부르는 일련의 행위가 아니다. 하나님의 영광을 바라보고 하나님의 귀하신 성품을 찬양하며 그분을 이 세상의 창조주이며 우리 삶의 통치자로 인정하는 것이 예배다. 그리스도를 통해서 우리에게 부어진, 우리가 받을 자격이 없었던 이 사랑은 우리를 변화시켜 사랑의 사람으로 거듭나게 하고 그리스도의 대변자로서 다른 이들에게도 그 사랑을 전하게 한다. "우리가 사랑하는 것은 하나님께서 먼저 우리를 사랑하셨기 때문입니다"(요일 4:19). 그렇기에 선교는 하나님께 받은 그 사랑으로 다른 이들을 사랑하는 것이다.

예배와 선교의 관계는 하나님 백성이 함께 모이고 세상으로 흩어짐에 비유되기도 한다. 이것은 예수님이 제자들을 택하셔서 자기와 함께 있게 하시고 또 그들을 내보내셔서 전도도 하게 하신 사건에서 잘 설명된다(막 3:14). 예수님과 함께 있는 것은 예수님을 위해 보냄받는 것의 전제 조건이며, 예수님을 위해 보냄받는 것은 예수님과 함께 있기 위한 것이다. 예수님과 함께 있는 것, 예수님의 내보내심, 이 두 과정은 그리스도를 닮을 때 필수적이다. 우리는 예배를 통해 영감만 얻는 것이 아니라 그분의 메시지를 세상에 전하게 되고, 세상을 변화시키는 도구로 우리를 변화시키는 하나님의 능력 앞에 나아감으로 그리스도와의 관계 안에 든든히 세워진다.

예수님이 들려주신 이 말씀을 잊어서는 안 된다. "내 안에 머물러 있으라. 그러면 나도 너희 안에 머물러 있을 것이다. 가지가 포도나무에 붙어 있지 않으면 스스로 열매를 맺지 못하는 것처럼 너희도 내 안에 있지 않으면 열매를 맺을 수 없다. 나는 포도나무요, 너희는 가지다. 그가 내 안에 있고 내가 그 안에 있으면 그 사람은 많은 열매를 맺는다. 나를 떠나서는 너희가 아무것도 할 수 없다"(요 15:4-5).

변화산에서 영광을 입고 변화되신 예수님을 바라보며 감격에 벅차올랐던 제자들처럼, 우리도 베드로가 바랐듯 그곳에 좀 더 머물고 싶을 수도 있다(마 17:4). 그러나 예수님은 우리를 산 아래로 보내셔서 하나님의 영광을 전혀 보지 못하는 세상 속으로 돌려보내신다. 그리스도께서 모든 것을 새롭게 하시고 물이 바다를 덮음같이 그분의 영광이 온 땅을 뒤덮을 날까지 우리의 소명과 목적은 바로 이곳 세상 속에서 성취될 것이다(합 2:14). 따라서 예배와 파송, 모임과 흩어짐, 성장과 떠남, 양육과 선교가 분리되어서는 안 된다. 그 어느 것도 다른 것 없이는 존재할 수 없다.

* * *

변혁적 교회란 개인과 공동체 안에 변화를 일으켜 하나님의 영광을 더욱 분명히 드러내는 교회다. 그 영광은 과연 어떤 모습인가? 하나님의 영광은 의로움, 정의, 긍휼, 자비, 친절함, 자신을 버리는 사랑, 진리 같은 하나님의 성품으로 드러난다. 이 영광은 죽음에서 시작되어 생명으로 이어지는 여정이며, 하나님의 영광스러운 통치, 곧 그분의 나라가 이곳에 임하는 것이다. 이 영광은 예수님을 닮은 모습이며, 그분의 백성 안에 있는 그리스도다움이다. 성령의 열매이기도 하다. 이제 이러한 변화가 어떻게 일어나고, 어떤 모습으로 드러나며, 어떻게 하나님의 백성을 통해 확장되어 궁극적으로는 이 세상 모든 사람에게 전달되는지, 그리하여 어떻게 온 땅에 하나님의 영광이 가득하게 되는지 자세히 살펴볼 것이다. 우리의 선교는 하나님의 영광에서 시작하여 하나님의 영광으로 돌아가는 여정이다. 이것이 곧 변화의 본질이다.

2.
하나님의 새 창조가 시작된 교회

현실 세계에서 하나님 나라를 맛보게 하다

변화가 선교의 동력이고 하나님의 영광이 선교의 목적이라면, 성령의 능력을 받은 교회는 이 시대에 하나님의 가장 중요한 선교 도구다. 교회는 이 세상에서 유일하게 변화를 가능하게 하는 복음을 선포하는 곳이고, 이 세상에서 변화된 삶이 무엇인지 살아 있는 증거를 보여 주는 유일한 곳이다. 교회가 변혁적으로 묘사되는 까닭은 개인과 공동체에 미치는 영향력 때문이다. 우선 교회의 본질 자체를 명확히 이해해야 한다. 이번 장에서는 교회의 본질을 규정하는 세 측면을 알아보겠다. 즉 새롭게 창조된 공동체, 하나님 나라 공동체, 선교적 공동체가 그것이다. 이후 5장에서는 이 세상의 모든 민족을 위한 다양한 문화 공동체로서 교회를 살펴볼 것이다.

교회의 본질을 설명하기에 앞서 진지하게 제기되는 한 가지 문제를 짚고 넘어가려 한다. 어떤 이들은 "모든 사람들 가운데 변화를 일으키는 공동체를 확장(배가)함으로써 하나님께 영광 돌리는 것"이라는 교회의 선교 정의가 지나치게 '교회 중심적'이라고 주장한다. 이들은 교회를 하나님 나라 확장이나 복음 전파 같은 더 고귀한 목적을 위한 수단으로 이해해야 하는 것은 아닌지 이의를 제기한다. 이러한 우려도 이해가 가지만, 우리가 알아야 할 사실이 몇 가지 있다.

첫째로, 레슬리 뉴비긴(Lesslie Newbigin)의 이 말은 옳다. "성경 역사 전체의 핵심은 하나님의 백성이자 하나님의 왕 같은 제사장으로서 하나님의 빛을 온 민족에 비추라는 사명을 받은, 이 세상에 실재한 한 공동체의 이야기다.”[1] 역사에 드러나는 하나님의 목적은 이 공동체와 밀접한 연관이 있고, 오늘날 그 공동체는 바로 교회다.

둘째로, 예수님 그분이 교회를 세우리라고 약속하셨다(마 16:18). 비록 교회를 심고 물을 주는 주체는 인간이지만, 그것을 자라게 하시는 분은 하나님이다. 교회는 하나님의 집이고 하나님의 밭이며 우리는 “하나님의 동역자”일 뿐이다(고전 3:7-9). 교회는 하나님이 일하시는 수단이며 그리스도께서 친히 세우시는 곳이다. 따라서 교회를 심고, 자라게 하고, 확장(배가)하는 것은 예수님이 그분의 일을 완성하실 때까지 예수님의 손과 발 되어 그 일에 동참하는 것이다.

셋째로, 우리의 사역은 아무 교회나 세우고 확장(배가)하는 것이 아니다. 우리의 선언문은 변혁적 교회를 확장해 가는 것이 우리의 부르심임을 명확히 한다. 이번 장을 올바르게 이해한다면, 교회가 공동체 형태로 존재하는 것은 교회 자체의 목적을 위해서가 아니며, 죄의 저주를 뒤집고 하나님의 통치를 이루어 내고 모든 만물을 새롭게 하며 이 세상을 회복시키는, 하나님의 새롭게 하시는 능력을 드러내는 곳이 교회라는 사실을 깨닫게 될 것이다. 교회는 구원하시고 새롭게 하시는 하나님의 능력이 나타난 결과이고, 앞으로 온전히 이루어질 하나님 나라가 어떠한 나라인지를 알게 해 주는 곳이다. 변혁적 교회는 복음 선포와 그리스도로 인해 변화된 제자들의 재생산으로만 확장될 수 있다. 그러므로 복음 선포와 제자 훈련은 변혁적 교회의 재생산에 필수 요소다.

넷째로, 교회를 단지 하늘의 영적인 것을 추구하는 곳으로만 이해해서는 안 된다. 교회는 진정 하나님 나라를 선포하고 드러내며 확장하는 하나님의 주된 도구이며, (비록 불완전하지만) 교회 그 자체로 하나님 나라를 경험한다. 교회는 그리스도의 신부이며 그리스도는 교회를 사랑하셔서 목숨까지 내주셨고 교회는 그분이 다시 돌아오시는 위대한 혼인 잔칫날에 그분과 온전한 연합을 이루게 될 것이다(엡 5:25-27; 계 19:6-9). 그리스도의 눈에 교회는 참으로 소중한 존재다. 그리스도는 교회를 얻기 위해 그의 피로 값을 치르셨다. 디트리히 본회퍼(Dietrich Bonhoeffer)는 "교회는 하나님의 마음을 드러내기 위해 세워진다"라고 말했다.[2] 교회는 **그리스도의 교회**이고(롬 16:16), 그리스도는 교회 안에 거하시며(갈 1:22), 그리스도는 교회의 머리가 되신다(엡 5:23). 교회를 그저 불완전하고 하늘의 영적인 것을 추구하는 곳으로만 이해하면 교회의 영광을 실추시키고 그 의미를 폄훼할 뿐이다.

그러므로 세상의 모든 사람들 가운데 변혁적 교회를 확장시키며 하나님께 영광을 돌린다는 교회의 선교는 지극히 성경적이라고 할 수 있다. 이를 온전하게 이해한다면 이 비전이 하나님의 선교를 이해하는 다른 방식과 조화를 이룰 뿐 아니라 선교를 가장 성경적으로 표현하고 있음을 알게 될 것이다.[3] 이제 교회의 본질을 교회의 선교와 연결시켜 구체적으로 정의해 보자.

교회 : 새롭게 창조된 공동체

교회는 동호회, 자원봉사 단체, 정치 활동 위원회, 종교 단체 수준을 넘어선다. 교회는 하나님이 직접 창조하신 독특한 창조물이다. 지역 교회든 보편 교회든 진정한 교회는 그리스도로 구원받고(딛 2:11-14) 성령으로 태어났으며(요 3:3-5) 성령 세례를 통하여 그리스도와 한 몸이 된(고전 12:13), 예수 그리스도를 믿는 자들로 이루어진 공동체다.[4] 주께서 날마다 구원받는 사람들을 더하게 하셨다(행 2:47). 이러한 점에서 교회는 마지막 때에 이루어질 새 창조의 첫 열매로, 예수님이 역사의 마지막에 모든 것을 새롭게 하시고 그로 인해 죄의 모든 영향력이 사라져 하나님의 나라가 온전히 임하는 순간에 드러날, 새롭게 창조된 백성들로 이루어진 새 창조 그 자체라고 할 수 있다(계 21:1-5).

새롭게 창조된 교회는 새롭게 창조된 성도의 삶에서 시작된다. 고린도후서 5장 17절은 이렇게 말씀한다. "그러므로 누구든지 그리스도 안에 있으면 새로운 피조물입니다. 옛것은 지나갔으니 보십시오. 새것이 됐습니다." 회심은 새로운 피조물이 되게 하고, 제자도는 새로운 피조물인 성도가 성숙하게 한다. 이러한 성도들이 모여 새롭게 창조된 공동체를 이루며, 만물이 새롭게 될 마지막 날을 고대한다. 필립 휴즈(Philip Hughes)는 이 구절을 이렇게 주석했다. "[그리스도를 믿는 사람은] 사실상 새로운 피조물이다. 즉 새롭게 태어난 소우주이며, 새 하늘과 새 땅이라는 종말론적 대우주에 속한 존재다. 그들에게는 옛 질서가 사라지고 완전히 새로운 초월적 경험이 대신 자리 잡는다."[5]

성도 안에서 그리스도의 구속 사역이 이루어질 때 죄로 인한 저주가 풀리고, 그리스도와 하나 되는 새로운 삶이 창조되며, 하나님 나라를 미리 맛보는 새로운 역사가 시작된다. 비록 앞으로 도래할 충만함과 영광을 희미하게 예시해 줄 뿐이지만, 타락한 인류가 회복되고 망가진 이 세상이 새롭게 되는 영적인 핵심과 크게 다르지 않다. 새로 창조된 사람들의 교제인 교회는 개별 구성원들의 합보다 훨씬 큰, 새롭게 창조된 공동체다.

이스라엘과 교회 사이에는 밀접한 연속성이 존재하지만,[6] 그럼에도 신약 시대의 교회와 구약 시대 하나님의 백성 사이에 존재하는 본질적 차이점을 간과해서는 안 된다. 옛 언약 백성인 이스라엘을 향한 하나님의 이상적 계획은 씨앗 형태로 존재했으나, 이제 그분의 새 언약 백성인 교회 안에서 새롭고도 다소 예기치 못한 방식으로 활짝 꽃핀다. 여기서 세 가지 근본적인 차이

점을 살펴볼 것이다. 첫째로, 교회는 육체적 출생이 아니라 영적 출생에 기반한 공동체다. 둘째로, 교회는 민족이 아니라 영적으로 구성된 나라의 공동체다. 셋째로, 교회는 지역의 성전을 기반으로 한 공동체가 아니라 그 자체로서 하나님이 거하시는 성전이다.

1) 복음과 새로운 창조

교회가 그리스도 안에서 새로운 피조물이 된 사람들의 공동체라면, 어떻게 해야 새로운 피조물이 될 수 있는지를 우선 살펴보아야 한다. 모든 고통과 악의 근원은 죄와 하나님에 대한 반역이다. 모든 사람이 죄를 지었으므로 하나님의 영광에 이르지 못하게 되었다(롬 3:23; 살후 1:9). 그 죗값이 치러지기 전까지는 희망이 있을 수 없다. 바울은 로마서 1장 16절에서 이와 같이 선포한다. "나는 복음을 부끄러워하지 않습니다. 이 복음은 모든 믿는 사람들에게 구원을 주시는 하나님의 능력이기 때문입니다. 먼저는 유대 사람에게요, 다음으로는 그리스 사람에게입니다."

그렇다면 죄와 죄의 결과에서 우리를 구원하는 능력인 복음이란 정확히 무엇인가? 복음은 하나님이 선지자를 통해서 말씀하신 좋은 소식이다. 인간들과 다시금 함께하시려는 하나님이 죄인 된 인간을 회복시키겠다는 것이다. 그 계획은 메시아 예수 그리스도의 죽음과 부활을 통해 이루어졌다. 하나님은 그분의 아들

예수 그리스도를 보내셔서 우리의 죄 문제를 해결하시고 우리가 받아 마땅한 수치와 형벌과 죽음을 그가 대신 받게 하셨다(롬 3:24-25; 갈 3:13; 벧전 2:24; 요일 4:10).

복음은 예수님이 우리에게 직접 말씀하신 것이다. "내가 진실로 진실로 너희에게 말한다. 누구든지 내 말을 듣고 나를 보내신 분을 믿는 사람은 영생이 있고 심판을 받지 않는다. 그는 죽음에서 생명으로 옮겨졌다"(요 5:24). 그러므로 그리스도께서 모두 이루신 그 일을 믿음으로 죄를 용서받으며, 하나님의 성령으로 말미암아 거듭나 새로운 삶을 살게 된다(엡 2:4-9). 그 외에는 다른 어떤 길도, 다른 어떤 해결 방법도 없다(요 14:6; 행 4:12).

이러한 까닭에 사람들에게 복음을 전하고 그들과 소통하며 그들을 초청하여 복음을 믿도록 하는 것이 교회 선교의 토대다. 이것이 가장 기본적이면서도 가장 절실한 교회의 사명이다. 복음 없이는 용서, 새로운 창조, 교회, 변화란 있을 수 없다. 복음의 메시지는 영원한 형벌에서 구원받는다는 소식일 뿐 아니라(물론 이것도 중요한 차원이지만), 현재 우리의 삶 속, 바로 지금 이곳에서 거듭남과 변화를 경험할 수 있다는 소식이기도 하다(엡 2:10). 더 넓은 의미에서, 복음은 하나님이 언젠가 만물을 회복시키고 새롭게 하실 것인데 그 새 창조가 이미 시작되었다는 소식이다. 그리스도의 십자가는 죄와 사탄을 패배시키고 타락한 피조물들을 회복시킨다는 하나님의 구원 역사에서 중심 역할을 한다. 하나님의 모든 약속은 그리스도를 통해서 성취될 것이다(고후 1:20).

오늘날 우리는 그러한 변화를 부분적으로 경험할 뿐이지만, 모든 악의 세력과 고통이 마침내 물러가고 새 창조가 무한한 영광과 의로움 가운데 밝아 오는 그날에 그 변화를 온전히 누릴 것이다(계 21:1-5). 교회는 바로 이 새 창조의 첫 열매일 뿐이다. 이러한 복음의 중심성을 이해했다는 전제하에, 새롭게 창조된 공동체로서 교회의 본질에 대해 계속 이야기해 보자.

2) 영적인 거듭남 위에 세워진 공동체

구약 성경에서 하나님은 약속의 후손이자 이 세상 모든 민족을 위한 축복의 도구로 부르신 아브라함과 이삭과 야곱의 후손들과 관계를 맺으심으로 인류와 관계를 맺으셨다(참고. 창 12:3). 하나님은 분명히 모든 민족의 하나님이신데도 자신이 아브라함과 이삭과 야곱의 하나님이라고 반복적으로 말씀하신다. 그러나 오순절 이후에는 육체적 출생이나 혈통이 아니라 영적 출생이 하나님 나라에 들어갈 백성을 결정짓는 기준이 되었다.

이러한 의미에서 예수님이 니고데모에게 하신 말씀은 오해의 여지가 없다. "누구든지 다시 태어나지 않으면 하나님 나라를 볼 수 없다. … 누구든지 물과 성령으로 태어나지 않으면 하나님 나라에 들어갈 수 없다. 육체에서 난 것은 육체이고 성령으로 난 것은 영이다"(요 3:3-6). 이것이 바로 출발선이다. 성령으로 거듭나지 않고는 그 누구도, 심지어는 예수님의 이름으로 위대한 일을 한 사람조차도 하나님 나라 백성이 될 수 없다(마 7:21-23). 요한복음 1장 12-13절은 어떻게 하나님의 영적 가족이 될 수 있는지를 분명히 알려 준다. "그러나 그분을 영접한 사람들, 곧 그분의 이름을 믿는 사람들에게는 하나님의 자녀가 될 권세를 주셨습니다. 이 사람들이 하나님의 자녀로 태어난 것은 혈통이나 육정이나 사람의 뜻으로 된 것이 아니라 하나님의 뜻으로 된 것입니다."

진정한 아브라함의 자녀는 육체적 후손이 아니라 믿음의 자녀들이다. "그러므로 여러분은 믿음에서 난 사람들이 바로 아브라함의 자손임을 아십시오. 성경은 하나님께서 믿음으로 인해 이방 사람을 의롭다고 인정하실 것을 미리 알고 먼저 아브라함에게 복음을 선포했습니다. '모든 이방 사람이 네 안에서 복을 받을 것이다.' 그러므로 믿음에서 난 사람들은 믿음이 있는 아브라함과 함께 복을 받습니다"(갈 3:7-9). 다시 말해, 하나님의 백성이 되려면 성령의 일하심이 있어야 한다. 출생 직후에 행했던 할례는 한때 하나님이 그분의 백성과 언약 관계에 들어간 것을 드러내는 외적인 징표였으나 이제는 새 언약 안에서 새로운 형태로 대체되었다. "할례를 받든 할례를 받지 않든 아무것도 아니며 오직 새롭게 창조되는 게 중요합니다"(갈 6:15). "겉으로 유대 사람이라고 해서 참유대 사람이 아니고 몸에 받은 할례가 참할례가 아닙니다. 오히려 속사람이 유대 사람이라야 참유대 사람이며 문자

화된 율법에 의해서가 아니라 성령으로 마음에 받은 할례가 참 할례입니다. 그 칭찬은 사람에게서가 아니라 하나님에게서 옵니다"(롬 2:28-29).

세례는 하나님의 새 언약 백성이 되었다는 외적인 증표이며, 출생할 때 받는 것이 아니라 회개와 믿음을 통해 받는 것이고 성령의 선물을 받게 한다(행 2:28).[7] 세례는 성도가 그리스도와 연합하여 새 생명을 얻었을 뿐 아니라(롬 6:3-11) 성령을 통해 그리스도의 몸 된 교회의 일부가 된다는 사실의 증표가 된다(고전 12:13). 성도는 그리스도의 몸의 일부가 되어야 그리스도 안에 거할 수 있다. 지역 교회에 속한 성도가 된다는 것은 단순히 육체적 출생 또는 개인적 선택의 문제가 아니다. 이는 믿음으로 새롭게 거듭나는 것을 의미한다. 교회는 육체적 출생이 아니라 영적 출생을 기반으로 하는 공동체이기 때문이다. 이로 보건대, 교회가 새 생명을 가져오는 복음 메시지 선포, 곧 전도를 통해 탄생한다는 사실은 분명하다(벧전 1:22-25).

3) 영적인 나라의 공동체

하나님 나라는 궁극적으로 언제나 온 세상을 아우르지만(대상 29:11; 시 103:19; 145:13), 하나님이 이스라엘의 왕이셨고 이스라엘 백성이 하나님의 율법 아래 살았다는 점에서 이스라엘은 하나님 나라와 좀 더 직접적으로 연관될 수 있다(대상 28:5).[8] 우상 숭배는 하나님의 가장 엄중한 심판을 초래했는데, 이는 이스라엘에 대한 하나님의 왕권을 근본적으로 부정하는 일이었고, 필연적으로 수많은 다른 불의와 하나님이 주신 율법 위반으로 이어졌기 때문이다. 최상의 모습이었을 때에도 이스라엘은 장차 일어날 일의 불완전한 예표에 불과했다.

메시아 예수님이 오시자 예상치 못한 일이 일어났다. 다니엘 2장 31-45절의 예언과 달리 예수님은 모든 민족과 나라를 전복시킬 정치적 나라를 세우리라는 이스라엘 백성의 기대를 충족시키지 않으셨다(이 예언은 예수님의 재림 이후에 성취될 것이다). 예수님은 이 땅의 정치적이자 혁명적인 왕이 되기를 거부하셨다(요 6:15). 그 대신, 여러 의미에서 훨씬 전복적이고 심오한 나라를 이 땅에서 시작하셨다. 예수님은 병든 사람을 치유하고 죽은 사람을 다시 살리며 죄로 인한 저주에서 사람들을 해방시키는 기적을 행하셨다. 귀신을 내쫓고 악한 영적 세력을 물리치셨다. 그리고 이렇게 말씀하셨다. "그러나 내가 하나님의 영을 힘입어 귀신들을 쫓아낸다면 하나님 나라가 이미 너희에게 온 것이다"(마 12:28).

예수님께서 십자가 위에서 돌아가시고 부활하심으로써 죄와 사탄과 죽음은 치명타를 입었다. 이로써 새로운 영적 나라가, 악의 권세를 물리치는 하나님의 통치가 시작되었다. 어둠의 권세에서 구원받은 성도는 하나님이 사랑하는 아들의 나라로 옮겨진다(골 1:13).⁹ 부활하신 예수님을 만난 제자들은 여전히 자신이 속한 민족인 이스라엘 나라가 회복되기를 기대하고 있었다. 하지만 예수님은 그들의 관심을 밝아 오는 성령의 시대로 돌려놓으셨다 (행 1:8). 그 구원과 통치는 본질적으로는 영적인 것이지만, 장차 임할 하나님 나라의 더 완전한 표적으로서 자연 세계에서 다양한 방식으로 실현될 예정이었고 실현되었다.

하나님은 이집트에서 이스라엘을 구원하신 후 말씀하셨다. "그러니 이제 너희가 내게 온전히 순종하고 내 언약을 지키면 너희는 모든 민족들 가운데 특별한 내 보물이 될 것이다. 온 땅이 다 내 것이지만 너희는 내게 제사장 나라 거룩한 민족이 될 것이다"(출 19:5-6). 이후에 베드로는 해당 말씀을 인용하며 온 세상에 흩어져 있던 유대인과 이방인으로 이루어진 교회에 선포한다. "그러나 여러분은 택하신 족속이요, 왕 같은 제사장들이요, 거룩한 나라요, 그분의 소유된 백성이니 이는 여러분을 어둠에서 불러내어 그분의 놀라운 빛으로 들어가게 하신 분의 덕을 선포하게 하기 위한 것입니다. 여러분이 전에는 백성이 아니었으나 이제는 하나님의 백성이며 전에는 자비를 얻지 못했으나 이제는 자비를 얻은 사람들입니다"(벧전 2:9-10).

하나님 나라에 들어가는 것은 민족적 정체성이 아니라 믿음 때문이다. 예수님이 로마 백부장을 만나서 하셨던 말씀은 유대인 청중에게 틀림없이 커다란 충격을 주었을 것이다. "내가 진실로 너희에게 말한다. 이스라엘에서도 아직까지 이렇게 큰 믿음을 본적이 없다. 내가 너희에게 말한다. 많은 사람들이 동쪽과 서쪽에서 모여들어 하늘나라에서 아브라함과 이삭과 야곱과 함께 앉을 것이다. 그러나 그 나라의 아들들은 바깥 어두운 곳으로 쫓겨나 거기서 슬피 울며 이를 갈 것이다"(마 8:10-12; 참고. 눅 13:22-30).

하나님 나라에 '속했다고' 확신했던 사람들은 쫓겨나고, (동쪽과 서쪽에서 온 이방인들처럼) 누가 보기에도 '속하지 못한' 사람들은 환영받으며 하나님 나라에 들어간다. 예수님은 진실로 자신을 거부한 유대인들에게서 자신의 나라를 빼앗아 다른 이들에게 주실 것이라고 하셨다(마 21:43). 하나님 나라에 들어갈 때는 육체적 가문의 혈통이나 유산이 아니라 영적인 가난함(마 5:3)과 어린아이 같은 겸손함(마 18:1-4)이 훨씬 중요한 조건이다.

영적 나라라고 해서 이 시대에 하나님 나라가 오직 영적인 (비물질적인) 것에만 관심을 갖는다는 뜻은 아니다. 이에 대해서는 4장에서 자세히 다루겠지만, 오히려 하나님 나라는 성도들을 통해 이 세상에서 구체적이고 강력한 영향력을 행사할 것이다. 덧붙여, 교회를 하나님의 새로운 나라 백성으로 일컫는다 해서 이스라엘에 더 이상 희망이 없다는 뜻이 아니다. 그러나 "이스라엘의 구원은 육체적인 민족성 때문이 아니라 하나님의 선택으로 이루어지는 것"이라는 사실은 분명하다.[10]

4) 하나님의 성전이 된 공동체

구약 성경에서, 자기 백성 가운데 거하시는 하나님의 임재
는 특히 성막 안에 있는 언약궤로, 나중에는 성전으로 상징되었
다. 출애굽기 40장 34-35절은 성막 봉헌 장면을 이렇게 묘사한
다. "그때 구름이 회막을 덮고 여호와의 영광이 성막에 가득했습
니다. 구름이 회막 위에 머물고 여호와의 영광이 성막에 가득했
기 때문에 모세는 회막에 들어갈 수 없었습니다." 솔로몬 성전의
봉헌 장면 또한 이와 유사하다(대하 5:13-14).

어떠한 면에서 하나님의 임재는 특정 장소에서 경험된다.[11]
성전은 유대인과 이방인 모두를 위한 예배의 장소로 세워졌음에
도(대하 6:32-33), 유대인들만의 신앙과 종교 생활, 정체성의 중심
지가 되었고 유대인들은 성전이 그들만의 예배 장소가 되어야
한다고 생각했다.[12] 예수님의 시대에 이르러, 헤롯 성전은 솔로몬
성전의 웅장함에 미치지는 못했지만 그럼에도 여전히 이스라엘
의 자랑거리였으며, 그들은 유일신인 하나님을 예배하며 민족적
으로 하나가 되었다. 그렇기에 성전을 헐겠다는 발언은 반역 행
위나 다름없었다(마 26:61).

그러나 예수님은 자신이 오심으로 성전보다 더 큰 이가 임
했다고 말씀하셨다(마 12:6). 이에 대해 요한복음 1장 14절은 인간
이 되셔서 이 땅에 오신 그리스도를 언급하며 이렇게 말한다. "그
말씀이 육신이 돼 우리 가운데 계셨기에 [문자 그대로 해석하면 "성막

을 세우시매"[13] 우리는 그분의 영광을 보았습니다. 그것은 은혜와 진리가 충만한 아버지의 독생자의 영광이었습니다." 인간의 몸으로 오신 그리스도의 영광스러운 임재와 성막에서 보이신 하나님의 영광스러운 임재 사이에는 명백한 연관성이 존재한다.

예수님은 실제로 자기 육신의 몸을 성전으로 표현하셨다(요 2:19-21). G. K 빌(G. K. Beale)은 그의 저서 《성전 신학》(*The Temple and the Church's Mission*)에서 이 부분을 이렇게 설명한다. "신약은 그리스도를 성전으로 올바로 묘사하는데, 이는 그가 새로운 창조의 시작점이 되시기 때문이다. 그의 부활은 새 창조의 첫 번째 사건이자 위대한 사건이었다."[14] 그리고 계속해서 이렇게 말한다. "구약의 성전은 이 땅에 하나님의 임재를 드러내고, 예수님은 이제 그 임재를 그분의 성도들 가운데 나타내신다. 예수님은 마태복음 24장(그리고 이와 유사한 본문들)에서 이스라엘의 성전이 허물어질 것을 분명히 말씀하셨고, 예수님과 그분의 성도들로 이루어진 또 다른 성전이 세워질 것을 예고하셨다."[15]

예수님과 사마리아 여인이 야곱의 우물가에서 나눈 대화는 이러한 혁명적 대전환을 기대하게 만든다. 당시 사마리아인들은 예루살렘 시온 산에 세워진 성전이 아니라 그리심 산에서 예배를 드렸고, 여인은 이 장소가 하나님께 예배드리기에 적합한 곳인지 묻는다. "우리 조상들은 이 산에서 예배를 드렸는데 당신네 유대 사람들은 '예배는 예루살렘에서만 드려야 한다'라고 말합니다. 예수께서 여인에게 말씀하셨습니다. '여인아, 나를 믿어라. 이제 이 산도 아니고 예루살렘도 아닌 곳에서 아버지께 예배드릴 때가 올 것이다.' … 이제 참되게 예배하는 사람들이 영과 진리로 아버지께 예배드릴 때가 오는데 지금이 바로 그때다. 아버지께서는 이렇게 예배드리는 사람들을 찾고 계신다. 하나님은 영이시니 하나님께 예배드리는 사람은 영과 진리로 예배드려야 한다"(요 4:20-24). 예수님은 담대하고 놀랍게도 어떤 지역이나 특정 장소 혹은 심지어 성전과도 관련 없는, 진정한 예배의 의미를 정의하신다. 성령의 시대가 다가오고 있다.

예수님의 급진적인 가르침은 바울의 가르침에서 더욱 명확히 드러나는데, 바울은 교회 자체가, 심지어는 이방인들로 구성된 교회라 해도 하나님이 거하시는 곳이라고 선포하기에 이른다. "그러므로 이제 여러분은 더 이상 낯선 사람들이거나 나그네들이 아니라 성도들과 동등한 시민이요, 하나님의 가족입니다. 여러분은 사도들과 예언자들의 기초 위에 세워진 사람들이요, 그리스도 예수께서 친히 모퉁잇돌이 되셨습니다. 그리스도 안에서 건물 전체가 서로 연결돼 주 안에서 함께 자라 거룩한 성전이 됩니다. 여러분도 성령 안에서 하나님께서 거하실 처소가 되기 위해 그리스도 안에서 함께 세워져 가고 있습니다"(엡 2:19-22).

베드로도 비슷한 맥락으로 기록했다. "사람에게는 버림을 당하셨으나 하나님께는 택하심을 받은 보배로운 산 돌이신 예수께 나아가 여러분 자신도 산 돌들처럼 신령한 집으로 세워지십시오. 그래서 예수 그리스도로 인해 하나님께서 기쁘게 받으실 만한 제사를 드리는 거룩한 제사장이 되십시오”(벧전 2:4-5). 성령께서 거하시는 성도 각 사람의 몸이 성령의 성전이라는 것이다(고전 6:19).[16] 더욱 놀라운 사실은, 성령은 각 개인 안에 거하실 뿐 아니라 개인으로는 입증되지 않고 입증될 수도 없는 방식으로, 교회라는 하나님 백성의 공동체 안에 거하신다는 것이다. 새롭게 창조된 공동체는 화목함과 사랑을 통해 하나님의 임재를 드러낸다.

위와 같은 구절들은 교회가 비유적으로만 성전과 비슷하다고 말하는 것이 아니다. 교회는 실로 하나님이 특별히 임재하시는 곳이며 하나님을 만나는 새로운 성전이 되었다. 단순한 비유가 아니다. 이것은 각 지역에 세워진 교회가 하나님의 성전으로서 그 지역에 하나님의 임재를 드러내는 장소가 된다는 것을 의미한다. 새로운 하나님 나라의 백성은 민족의 경계를 넘어서는데, 그렇기에 하나님의 임재 또한 특정 장소에 국한되지 않고 지역을 넘어선다. 이제 예루살렘 성전은 더 이상 하나님의 임재와 예배의 중심지가 아니다. 5장에서 더 자세히 다루겠지만, 이방인들의 동참으로 하나님의 새로운 백성은 다양한 교회의 모습이 되어 문화의 장벽을 넘었다. 라민 사네(Lamin Sanneh)는 이러한 변화를 다음과 같이 설명한다.

기독교는 하나님을 그 중심에 두며, 문화를 절대적으로 인식하지 않고 도리어 문화에 영향력을 행사한다. 교회 선교의 출발점은 … 오순절이다. 이 사건을 통해 기독교는 지역적이든, 언어적이든, 문화적이든, 예루살렘과 같이 고착된 보편적 중심지를 벗어남으로써 승리하며, 그 결과 교회 내에 수많은 중심과 문화와 언어가 확산된다. 기독교 에큐메니즘은 오직 하나님만을 그 중심에 둔, 주변의 다양성을 포용하는 다원론이다. 이로 인해 문화적 표현은 모두 진리의 주변에 머무르고, 진리에 접근하는 측면에서는 모두 동등하지만, 궁극적이고도 최종적인 진리에 도달하는 면에서는 모두 똑같이 불충분하다.[17]

예수님 당시의 유대인들이 하나님의 백성을 이렇게 이해한다는 것이 얼마나 극적이고 혁명적이었을지는 21세기를 사는 우리로서는 온전히 상상하기 어렵다. 실제로 교회사를 돌아보면, 그리스도인들이 기독교를 특정 문화, 민족적 정체성, 제도 형태, 지리적 중심지와 동일시하지 않기란 어려웠다. 존 스토트는 이를 간결하게 표현했다. "이 비전의 장엄함은 아무리 강조해도 부족하다. 하나님에 의해 도래한 이 새로운 사회는 이제 더 이상 분열과 적대가 아니라 화합과 평화를 특징으로 하는 새로운 창조물이며 새로운 인류다. 하나님은 이 새로운 사회를 통치하시며 그 안에 살아 계신다."[18]

성령께서 낳으시고 성령이 거하시며, 하나님의 임재를 드러내는 살아 있는 성전이자 새 창조적 공동체로 교회를 이해할 때, 우리는 비로소 선교와 거룩함에 대한 새로운 도전과 동기를 얻는다. 교회의 선교에 담긴 이 진리를 G. K. 빌이 아름답게 표현했다. "언약 공동체이자 교회로서 우리의 사명은, 교회가 하나님의 영광스러운 임재로 충만한 성전이 되어 온 땅에 퍼져 나가고, 하나님이 이 세상의 마지막 때 그 목적을 온전히 이루시기까지 하나님의 임재로 이 땅을 가득 채우는 것이다!"[19]

교회 : 하나님 나라 공동체

우리는 교회가 국가 정체성에 기반을 둔 민족적인 나라가 아니라 영적 나라라는 개념을 정립했다. 그러면 더 넓은 개념으로서 하나님 나라와 교회의 관계를 어떻게 이해해야 하는가? 교회를 하나님 나라와 동일시할 성경적 근거는 없다. 그렇다면 교회와 하나님 나라의 관계는 레슬리 뉴비긴이 자주 인용했던 표현처럼 "하나님 나라의 **표적, 도구, 전조**"로서 이해하는 것이 가장 적절할 것 같다.[20] 교회는 하나님 나라의 공동체다. 교회는 단지 미래의 희망에 그치는 것이 아니라 역사를 통해 우리가 살아가는 현실 속에 들어와 씨앗 형태로 존재하며 그 영향력을 통해 세상에 드러난다. 존 하워드 요더(John Howard Yoder)는 이렇게 설명한다. "교회는 세상이 궁극적으로 되어야 할 모습을 지금 보여 주도록 부름받았다."[21]

나는 '하나님 나라 공동체'를 가정 교회나 특정 형태로 지칭하려는 것이 아니다. 정치적으로 활발한 교회, 어떤 식으로든 사회에서 동떨어진 교회를 뜻하려는 것도 아니다. 좀 더 정확히 말하자면, '하나님 나라'라는 표현은 하나님의 통치를 설명하는 한 가지 방식에 불과하다. 지금까지 봤듯이, 하나님 나라가 임한다는 것은 왕 되신 예수님이 사랑으로 다스리시며, 사탄의 악한 권세가 무너지고, 죄의 결과가 뒤집히고, 모든 것이 새로워지는 것을 의미한다. 1장에서 본 바와 같이, 신학자들은 이 시대 하나님 나라 본질을 설명하면서 "이미 임했지만 아직 완성되지 않은" 나라라는 표현을 사용한다. 하나님의 통치와 새로운 창조 역사는 이미 시작되었지만 오직 그리스도의 재림을 통해서만 온전히 성취되기 때문이다.

교회는 왕 되신 예수님의 통치하에 살아가는 신자들의 공동체로, 삶과 관계가 하나님의 원래 의도대로 회복된다는 것의 의미와 죄로 인한 상함의 치유를 점진적으로 경험하는 곳이다. 뉴비긴이 남긴 말은 이 맥락을 이해하는 데 도움이 된다. 뉴비긴은 교회 안에 있는 그리스도인들에 대해 이렇게 말한다. "그들은 사람들이 현실에서 보지 못하는 저 너머의 무언가를 가리켜 보게 하는 동시에, 현재의 삶을 인도하고 소망을 주는 하나의 표적이 되어야 한다. 그들은 하나님이 회복시키시고 자유롭게 하시며 축복하시기 위한 도구이며(유일한 도구는 아니지만), 교회는 하나님이 우리를 위해 의도하신 기쁨과 자유를 누구든지 지금 맛볼 수 있는 장소, 곧 첫 열매가 되어야 한다."[22]

교회는 하나님 나라가 드러나는 가장 중요한 곳으로 우리 시대의 연합과 회복을 위한 주된 도구이며, 교회와 하나님 나라는 서로 연결되어 있다. 비록 교회 자체가 하나님 나라는 아니지만, 교회가 진정 변혁적이라면 교회의 확장과 함께 하나님 나라의 영향력도 확장된다. 사람들이 구원받고, 왕 되신 예수님의 사랑의 통치를 받게 되며, 믿는 자들의 공동체인 교회는 그들의 영향력이 닿는 모든 영역에서 사랑과 치유와 공의의 대리인이 된다. 하나님의 이러한 회복과 사랑은 개인뿐 아니라 공동체 안에서 경험되고 확인된다. 개인의 회심에만 초점을 둔 선교는 하나님의 선교와 공동체의 능력을 축소한다. 반대로 하나님 나라의 표적으로서 사회적 혹은 정치적 활동에만 집중하면 개인과 사회를 새롭게 하는 영적 중요성과 능력을 간과하게 된다.

이전에 나는 하나님 나라 공동체를 다음 세 가지 측면에서 설명한 바 있다.[23] 첫 번째 측면은 **위대한 소명**으로, 찬양(doxology)과 예배다. 하나님은 우리의 찬양과 노래뿐 아니라 우리 삶과 우리가 하는 모든 일을 통해 영광받으셔야 한다(롬 12:2: 고전 10:31).

두 번째는 **위대한 사명**으로, 모든 민족을 제자로 삼아 복음을 전하고, 세례를 주고, 그리스도께서 명령하신 모든 것을 따르도록 가르치는 것이다(마 28:19-20). 세 번째는 **위대한 계명**으로, 하나님을 사랑하고 이웃을 우리 자신같이 사랑하라는 명령이다(마 22:36-40). 이를 위해서 긍휼한 마음을 가진 자비의 사람이 되어 가난하고 힘없는 자들을 돕고, 이 세상에서 정의와 선한 영향력을 행사할 수 있어야 한다.[24] 교회가 하나님의 공동체가 되려면 공동체적으로 함께하는 증언과 사역뿐 아니라 성도 개인의 삶에서도 이 세 차원이 성령의 역사로 분명히 나타나야 한다. 교회는 이러한 방식으로 하나님 나라의 표적과 도구이자 앞으로 올 하나님의 나라를 미리 맛볼 수 있는 전조가 되어 세상의 구원이라는 하나님의 목적을 수행하는 대리인이 될 것이다.

교회 : 선교적 공동체

1장에서 교회의 선교사적인 본질을 언급했다. 이 개념에 대해 더 알아보자. 구약과 신약에서 하나님이 그분의 백성을 택하실 때 공통으로 등장하는 주제가 있는데 그들을 축복하여 다른 이들에게도 복이 되게 하신다는 것이다. 하나님이 아브라함을 부르실 때도 이 주제가 분명히 드러난다. "내가 너를 큰 민족으로 만들고 네게 복을 주어 네 이름을 크게 할 것이니 네가 복의 근원이 될 것이다. 너를 축복하는 사람에게는 내가 복을 주고 너를 저주하는 사람에게는 내가 저주하리니 땅의 모든 족속이 너로 인해 복을 받을 것이다"(창 12:2-3). 이것은 시편 67편 1-2절의 축복에서도 반복된다.

> 하나님, 우리에게 은혜를 베푸시고 복을 주시며
> 그 얼굴을 우리에게 비추소서.
> 그리하여 주의 길이 땅에 알려지고
> 구원하시는 주의 힘이 온 민족들 사이에 알려지게 하소서.

이스라엘은 하나님의 귀중한 소유에 머물지 않고 제사장 나라로 부름받아 하나님의 임재와 의로우심, 은혜로우심을 다른 이들에게 전할 사명을 받았다(출 19:5-6). 하나님의 택하심은 우월감을 갖거나 남을 배척하라는 것이 아니라, 섬기라는 것이다. 앞서 말했듯 베드로는 하나님의 제사장 된 백성으로 교회를 묘사하는데 그 목적을 이렇게 설명한다. "여러분을 어둠에서 불러내어 그분의 놀라운 빛으로 들어가게 하신 분의 덕을 선포하게 하기 위한 것입니다"(벧전 2:9).

예수님은 제자들을 부르셔서 자기와 함께 있게 하시고 그들을 내보내셔서 전도도 하게 하셨다(막 3:14). 이것이 교회의 전형적인 패러다임일 것이다. 예수님과 함께하고 예수님을 대신해서 세상으로 보냄받는 것 말이다. 이 두 사명은 사실 하나이며 동전의 양면과 같다. 이것은 모이는 교회와 흩어지는 교회로도 표현된다. 이에 대해 로잔 언약은 이와 같이 설명한다. "[하나님은] 세상으로부터 그분의 백성을 부르시고 그들을 다시 세상 속으로 돌려보내어 그분의 종과 증인이 되게 하신다. 이는 하나님 나라와 하나님 이름의 영광을 널리 퍼뜨리기 위함이다"(제3항).

일반적으로 대다수 교회는 모이는 교회의 역할은 훌륭히 감당하고 있다. 우리는 예수님과 함께하고, 예수님 안에 거하며, 예수님 안에서 세워지는 일을 잘 해낸다. 이는 예수님이 말씀하신 것처럼 반드시 필요한 일이다. "내 안에 머물러 있으라. 그러면 나도 너희 안에 머물러 있을 것이다. 가지가 포도나무에 붙어 있지 않으면 스스로 열매를 맺지 못하는 것처럼 너희도 내 안에 있지 않으면 열매를 맺을 수 없다. 나는 포도나무요, 너희는 가지다. 그가 내 안에 있고 내가 그 안에 있으면 그 사람은 많은 열매를 맺는다. 나를 떠나서는 너희가 아무것도 할 수 없다"(요 15:4-5).

예수님과 함께하지 않으면 결코 예수님을 위해 열매를 맺을 수 없다. 예수님을 위한 선교는 반드시 예수님 안에 거하는 것에서 시작된다. 그러나 예수님은 몇 구절 뒤에 이렇게 말씀하셨다. "너희가 나를 택한 것이 아니라 내가 너희를 택해 세운 것이다. 그것은 너희가 가서 열매를 맺어 그 열매가 계속 남아 있게 하려는 것이다"(16절). 우리는 이를테면 '움직이는 포도나무'가 된 것이다.[25] 우리는 그리스도 안에서 성장함으로 그리스도를 위해 나아갈 수 있다. 둘은 서로 분리될 수 없다.

성장만 강조하며 세상으로 가기를 소홀히 한다면 우리의 정체성과 하나님의 선교사라는 사명을 위태롭게 하는 것이다. 우리는 예배, 성경 공부, 소모임 교제, 세대별 사역 등 사람들과 모이고 성도들을 양육하는, 모이는 교회의 역할에 치중한다. 반면에, 흩어지는 교회의 역할은 전도 행사, 해외 선교사 파송, 단기 선교 여행, 지역사회 봉사로 제한해 버린다. 이러한 노력도 훌륭하고 값지지만, 이것만으로는 교회의 선교적 본질을 온전히 담아내지 못한다.

선교적 교회론은 교회가 선교사를 파송하는 데 그치지 않고(이는 아주 중요한 일이지만), 마치 예수님이 세상으로 보내지신 것처럼(요 20:21) 교회 자체가 하나님의 선교사가 되어 세상 속으로 보내져야 함을 강조한다. 이처럼 교회의 선교는 교회가 맡은 임무나 일시적인 프로젝트를 수행해 내는 것이 아니라 이 세상을 향한 하나님의 일, 즉 하나님의 선교(missio Dei)에 동참하는 것이다.[26]

선교는 곧 교회의 소명이며 본질이다.[27] 그 방식이 대단하든 소소하든, 하나님의 모든 백성은 하나님이 그들에게 허락하여 보내신 다양한 관계와 삶의 모든 영역에서 어떠한 방식으로든 이 세상을 변화시키고 구원하시는 하나님의 대리인이 된다. 교회의 가장 중요한 임무는 하나님의 백성을 권면할 뿐 아니라 그들이 이 세상의 소금과 빛으로서 살아갈 수 있도록 준비시키는 것이다. 교회의 모든 사역이 선교적인 의도를 가질 필요는 없지만 선교적인 측면은 지녀야 하고, 교회에서 이루어지는 모든 일은 하나님 나라와 예수 그리스도의 복음이 지닌 변혁적 능력을 세상에 증언해야 한다.[28]

* * *

모든 민족을 향한 선교적 사명을 가지고 문화의 경계를 뛰어넘는 공동체로서의 교회에 대해서는 5장에서 논의할 것이다. 그러나 이 시점에서 분명한 것은, 오늘날 이 세상을 향한 하나님의 목적에서 교회가 중심을 차지한다는 것이다. 하나님의 교회를 빼놓고 '하나님의 선교'(missio Dei)를 논할 수 없다. 만일 하나님이 하시는 일이 하나님 나라 확장이라면, 교회는 이 세대에 하나님 나라를 드러내고 이루어 가는 도구가 된다. 만일 하나님이 하시는 일이 죄로부터 인간과 사회, 심지어 이 세상 자체를 구원하고 새롭게 하는 것이라면, 교회는 예수 그리스도의 몸으로서 복음을 선포하고 드러내어 구원의 목적을 이루어 가는 하나님의 도구이자 첫 열매가 된다. 교회가 없는 곳에 반드시 교회가 심겨지고,

그 교회는 성숙하면서 확산되어야 한다. 따라서 우리의 선교 선언문이 그리스도인의 수가 늘어나고 교회 사역의 수가 증가하는 것만 강조하지 않고, 가장 가시적인 열매인 교회의 확장을 중심에 둔 것은 적절하다.

3.

살아 있는 성경인 교회

이 시대의 언어와 방식으로 복음을 소개하다

하나님의 영광은 선교의 원천이자 목적이며, 오늘날 교회는 하나님이 새롭게 창조하신 백성으로서 하나님의 선교 도구다. 그러므로 교회 개척과 배가는 이 세상을 구원하시는 하나님의 목적에서 핵심 역할을 한다. 이제 교회를 개척하고 굳건히 세워 나가며 확장한다는 의미를 알아보자. 앞서 살펴봤듯이, 교회는 성령으로 창조되었다. 오로지 성령의 능력으로만 회심하고 거듭나 하나님 나라에 들어가며, 세상이 그 모습을 보게 된다. 창조의 때에 수면 위에 운행하시던 하나님의 영이 사람들을 회심시키고 새로운 창조 역사를 이루어 가신다. 하나님의 영으로만 성화와 변화의 역사가 시작된다.

그러나 성령께서는 홀로 역사하지 않으신다. 사도행전에 관한 어떤 연구를 살펴보든지 즉각 드러나는 사실이 있는데, 하나님의 성령은 복음의 말씀이 선포되게 하시고 그 복음을 가르침으로 예루살렘부터 땅끝까지 교회를 세워 가신다는 것이다. 사도행전의 표현을 빌리자면, 교회의 확장은 참으로 하나님 말씀의 확장이다(행 6:7; 12:24; 19:20). 이에 대해서는 6장에서 더 다룰 것이다. 바울은 "이 복음이 … 온 세상에서도 열매를 맺으며 점점 자라나고 있습니다"라고 선포했다(골 1:6). 복음, 곧 하나님의 말씀을 떠나서는 복음 전도도, 결실도, 제자 양육도, 교회 개척도, 교회 성숙도 있을 수 없다.

앞서 1장에서 살펴본 바, 로마서 12장 2절에 등장하는 용어

메타모르포오(metamorphoō, 변화시키다)는 마음의 변화를 가리킨다. 이번에는 성경을 통해 계시된 하나님의 말씀이, 온 세상 민족들에게 하나님의 영광을 드러내는 변혁적 교회 확장에 왜 중요한 역할을 하는지 알아볼 것이다.

때로는 자칭 성경을 믿는 그리스도인이 성경적 가르침과 올바른 신학의 중요성을 도외시하고는 한다. 여기에는 다양한 원인이 있다. 어떤 이들은 인생의 큰 문제에 대한 답이나 윤리적 지침을 얻고자 할 때 복음의 진리보다는 개인의 선택이나 경험에 더 의존한다. 이는 절대적인 진리를 부정하는 세상 문화의 영향 때문이다. 또 어떤 이들은 성경의 권위는 인정하나 성경에서 자주 언급되는 불편한 주제들인 영원한 심판과 성적 순결, 가난한 자들을 향한 하나님의 관심 등은 의도적으로 피한다.[1] 또 말만 하지 않고 행동하고 싶은 사람들이 있다. 이들은 그리스도인들을 갈라 놓았던, 아주 사소한 교리 차이에서 비롯되었을 신학적 논쟁을 견디기 힘들어한다. 이러한 흐름 때문에 영적 지도자를 양성할 때 정규 신학 교육의 중요성이 축소되었다. 신학교들이 종종 세상과 동떨어진 학문적 논의에만 몰두할 뿐 영성과 실천적 사역에 충분한 관심을 쏟지 않는다는, 어느 정도 타당한 지적도 있다.

이러한 우려도 충분히 이해가 가지만, 심혈을 기울여 심도 있는 성경 연구를 하지 않을 적합한 이유는 되지 못한다. 이러한 복합적 요인들이 모여 교회의 선교와 사역의 토대가 되는 성경적 기반이 약화되는 결과가 초래되었다. 이러한 관점들은 교회를 심각한 위험으로 끌고 갈 수 있다. 사도 바울은 자기가 개척한 교회들의 교리적 순수성에 많은 관심을 가졌다(행 20:28-32; 갈 1:6-10; 골 2:6-8; 딤전 1:3).

성경을 부실하게 가르침으로 잠깐은 교회가 번창하는 듯 보일 수 있지만, 결국 교회가 지닌 증인의 역할, 예언자적 목소리, 변화를 일으키는 능력은 상실된다. 변혁적 교회는 성경을 하나님의 영감으로 기록된, 권위 있고 생명을 주는 계시로 귀하게 여기고 공부하며 성경에서 배운 것을 적용한다. 이는 바울이 디모데에게 했던 권면에도 분명히 나타난다. "모든 성경은 하나님의 감동으로 된 것으로 교훈과 책망과 바르게 함과 의로 교육하기에 유익하니 이는 하나님의 사람으로 모든 선한 일을 위해 온전히 준비되게 한다"(딤후 3:16-17).

진리인 하나님 말씀 안에

잠시 하나님의 진리가 창조의 본질 자체에 얼마나 핵심적인지 생각해 보자. 창조 이야기는 이렇게 시작한다. "하나님께서 말씀하시기를 '빛이 있으라' 하시니"(창 1:3). 하나님 말씀으로 세상의 창조가 이루어졌다. 하나님은 "진리의 하나님"이시며(사 65:16),

하나님의 모든 말씀은 진리다(시 119:160). 복음은 "진리의 말씀"이다(골 1:5). 이 진리를 도외시하거나 부정하고 진리와 일치하지 않는 삶을 사는 것은 하나님의 창조 의도와 하나님의 성품에 반한다. 이러한 삶은 자기 멸망으로 이어지는데, 중력 법칙을 무시하고 높은 건물에서 뛰어내리면 죽음이라는 당연한 결과를 피할 수 없는 것과 같다. 이 사실을 몰랐다고 해서 결과가 면제되는 것은 아니다.

하나님의 계명은 임의적인 규칙 나열이 아니다. 하나님 말씀은 하나님의 창조 질서와 창조주의 성품에 연합하여 사는 법을 가르친다. 하나님을 사랑하는 자들은 그분의 진리를 두려워하거나 업신여기지 않고 그 진리를 사모할 것이며(시 19:7-11), (하나님의 법을) 사랑하고 묵상할 것이며(시 119:97), 하나님의 말씀을 따라 살 것이다(시 119:33-36). 이것이 하나님의 영광을 사모하는 변혁적 교회의 토대다.

이와는 반대로, 거짓말을 하는 것, 즉 하나님의 진리를 반박하는 것은 사탄이 아담과 하와를 유혹할 때 쓴 핵심 전략이었다. 거짓말은 덫을 작동시킨 계기였고, 파괴적인 불길을 일으킨 불씨였다. 아담과 하와가 그 거짓말을 믿자 죄와 파멸, 증오와 시기, 하나님 없이 사는 삶과 죽음, 자연 질서의 타락이 마치 눈사태처럼 일어났다. 예수님은 마귀를 "거짓말쟁이이며 거짓의 아비"라고 부르셨다(요 8:44). 거짓말은 하나님으로부터 분리시킨다. 거짓

말은 "하나님은 당신에게 좋은 것을 감추고 있다. 당신이 형통하고 싶다면 하나님을 믿어서는 안 된다. 하나님에게서 독립해 당신이 개척한 길로 가야 한다"라고 속삭인다.

거짓말은 불신과 불만족의 씨앗을 뿌린다. 아담과 하와는 에덴동산에서 그 거짓을 믿었고 우리 역시 그 거짓에 계속 속고 있다. 그 결과, 죄의 속박에 얽매이게 된다. 진리에 대한 왜곡은 하나님의 심판을 야기했고(롬 1:18), 진리를 거짓과 바꾸는 행위는 우상을 숭배하는 사람들의 마음 깊이 자리 잡고 있으며 수치스러운 일을 하게 한다(롬 1:25-26). 내면에 참된 변화가 일어나려면 반드시 무엇이 거짓인지 알아야 하고 하나님의 진리의 빛 안에 거해야 한다.

거짓의 권세에서 풀려나게 하는 진리

거짓이 우리를 죄의 속박에 가둔다면, 진리는 우리를 그 속박에서 해방한다. 요한복음 8장 31-32절에서 예수님은 말씀이 우리를 자유롭게 한다고 말씀하신다. "만일 너희가 내 말대로 산다면 너희는 참으로 내 제자들이다. 그리고 너희는 진리를 알게 될 것이며 진리가 너희를 자유롭게 할 것이다."[2] 개인의 변화는 거듭남에서 시작되지만 변화는 거짓의 권세와 그 영향력에서 자유로워질 때 시작된다. 신약 성경에 기록된 예수님의 가르침 안에 '거하고' 그 말씀을 '붙드는 것', 이것이 예수님의 진정한 제자임을 드러내는 핵심 증거다. 이어지는 구절에서 유대인들이 되묻는다. "우리는 아브라함의 자손이고 어느 누구의 종이 된 적도 없는데 당신은 어째서 우리가 자유롭게 된다고 말합니까?"(요 8:33). 그들이 이제껏 누구의 종 된 적이 없다는 말의 모순을 주목해야 한다. 그들은 이집트를 잊은 것인가? 바빌론을 잊어버린 것인가? 이스라엘이 로마에 점령 중이라는 사실을 망각해 버린 것인가?

그러나 예수님은 훨씬 심오하고 참혹한 종살이를 말씀하고 계신다. 예수님은 증오를 낳고 하나님에게서 멀어지게 하는 타락한 인간의 본성을 말씀하신다. 이것은 하나님 나라에 반역하는 반항의 뿌리이며, 하나님 나라에 동참하려면 반드시 풀려야 할 속박이기도 하다. 오늘날에도 많은 사람이 유대인들과 비슷한 말을 하고 있다. "나는 실수할 때도 있고, 완벽하지 않을 때도 있으며, 때로는 '죄'도 짓는다. 하지만 내 마음의 중심이 죄에 사로잡힌 것은 아니다. 나는 죄의 노예가 아니다. 죄는 나에게 아무런 영향력도 없다. 마음의 중심만은 진실로 선하다."

이것은 마치 중독자들이 자신의 상태를 부인하는 것과 비슷하다. 알코올 중독자 협회의 12단계 프로그램에서 그 첫 단계는 "우리는 알코올을 극복할 능력이 없으며, 우리 삶을 스스로 통제할 수 없음을 인정합니다"라는 문장으로 시작한다.[3] 예수님의 제자가 되고자 하는 사람이라면 누구든지 이 고백을 첫 단계로 삼아야 한다. "나는 죄의 중독을 이길 수 있는 힘과 내 인생을 통제할 힘이 없음을 고백합니다."

우리는 모두 죄의 노예 된 자들이다. 요한복음 8장은 이렇게 말씀한다. "내가 진실로 진실로 너희에게 말한다. 죄를 짓는 사람마다 죄의 종이다. 종은 집에 영원히 머물러 있을 수 없지만 아들은 영원히 머물러 있다. 그러므로 아들이 너희를 자유롭게 하면 너희는 참으로 자유롭게 될 것이다"(34-36절).

주목해야 할 점은, 예수님이 자유를 주는 진리와 자신을 동일시하셨다는 사실이다. 그분의 말씀은 우리를 해방한다. 예수님은 "나는 길이요, 진리요, 생명이니 나를 통하지 않고서는 아버지께로 올 사람이 없다"라고 담대히 선포하셨다(요 14:6). 예수님은 그저 "내가 진리를 말한다"라고 하지 않으셨다. 하나님의 말씀이셨던 예수님은 "은혜와 진리가 충만하신" 분으로, 인간의 육신을 입고 우리에게 오셨다(요 1:1-3, 14). 진리는 예수님과 분리될 수 없다. 예수님의 가르침 안에 거한다는 것은 특정 철학, 윤리, 교리를 신봉한다는 뜻이 아니다(비록 그것도 중요하지만). 그것은 진리를 인정하는 것 그 이상이다. 우리는 그 진리에 근거한 관계 속으로 들어간다.[4] 이것이 예수님 안에 거한다는 의미다. 진리 안에 거함으로 우리는 예수님과 연합하며 생명력 있는 변화의 능력을 받는다.

예수님은 이렇게 말씀하신다. "나는 포도나무요, 너희는 가지다. 그가 내 안에 있고 내가 그 안에 있으면 그 사람은 많은 열매를 맺는다. 나를 떠나서는 너희가 아무것도 할 수 없다"(요 15:5). 예수님의 제자인 우리에게는 그분의 가르침 중에서 마음에 드는 것만 골라잡은 뒤 어떤 것은 받아들이거나 거부할 수 있는 선택권이 없다. 우리가 바라는 모습대로 예수님을 만들어 낼 수는 없다. 우리에게는 성경이 증언하는 예수님만 계실 뿐이다. 예수님의 제자로서 우리는 그분의 말씀 위에 군림하며 판단을 내릴 권리가 없고, 그분의 가르침에 겸손히 순종하며 그분의 말씀을 사모할 뿐이다.

가르침이 어렵다는 이유로 사람들이 예수님을 떠나자 베드로는 이렇게 고백했다. "주여, 영생의 말씀이 주께 있는데 저희가 어디를 가겠습니까"(요 6:68). 예수님이 제자들을 위해 기도하신 내용처럼, 하나님의 진리의 말씀은 우리를 자유롭게 할 뿐 아니라 우리를 거룩하게 한다. "진리로 그들을 거룩하게 해 주소서. 아버지의 말씀은 진리입니다"(요 17:17). 참된 예배는 영과 진리로 드리는 예배다(요 4:23-24).

새로워짐과 참사랑의 근원인 진리

이 세상에 증오보다 사랑이 가득하고 서로 고통을 주기보다 친절이 넘친다면 훨씬 살기 좋아지리라는 생각에 동의하지 않을 사람은 없을 것이다. 하나님의 영광을 드러내는 변혁적 교회라면, 이를 가장 여실히 드러내는 증거는 사랑이다. 예수님도 사랑이야말로 참된 제자도의 증거라고 말씀하셨다(요 13:35). 이웃을 사랑하고, 원수를 사랑하고, 동료 그리스도인들을 사랑하라는 계명은 신약에 자주 등장한다. 그러나 인류는 회복될 수 없을 정도로 자기중심적이고 사랑이 부족한데 어떻게 더 사랑할 수 있겠는가? 답을 말하자면, 우선 개인 안에 변화가 일어나야 한다. 베드로전서 1장 22-25절은 하나님 말씀이 사랑 안에서 우리를 거듭나게 하는 원천임을 가르친다.

여러분은 진리에 순종함으로 여러분의 영혼을 깨끗하게 해 거짓 없이 형제를 사랑하기에 이르렀으니 청결한 마음으로 서로 깊이 사랑하십시오. 여러분이 거듭난 것은 썩어질 씨로 된 것이 아니라 썩지 않을 씨로 된 것이니, 곧 하나님의 살아 있고 항상 있는 말씀으로 된 것입니다. 그러므로, "모든 육체는 풀과 같고 그의 모든 영광은 풀의 꽃과 같도다. 풀은 시들고 꽃은 떨어지나 주의 말씀은 영원토록 있도다"라고 했습니다. 이것이 바로 여러분에게 전파된 말씀입니다.

우리는 하나님 말씀, 곧 우리에게 전파된 말씀이며 성경에도 기록된 그 말씀을 통해 다시 태어나고 새로워지고 변화된다. 인간이 본연의 상태에서 될 수 있는 가장 좋은 모습도 결국은 없어지고 지나갈 것에 불과하다. 하지만 생명을 주시는 하나님 말씀은 영원하기 때문에 우리 안에 새 생명을 가져다주는 생명의 씨앗 역시 썩지 않는다. 변화는 거듭남에서 시작되고 이 거듭남은 질적으로 새롭고 전혀 다른 삶을 살게 한다. 이러한 변화는 하나님의 진리에 순종하고 그에 따라 살아가게 하는데, 그 결과 우리는 정결해지고 다른 사람을 사랑할 수 있게 되며 그 사랑은 점점 자라서 더욱 깊어진다. 우리는 사랑의 공동체가 된다. 이것이 바로 변화다! 우리를 거듭나게 하시는 하나님 말씀이 인생을 바꾸고 자신을 내주는 사랑을 할 수 있도록 능력을 주신다.[5] 그 말씀이 바로 우리를 구원으로 이끄시는 하나님의 능력인 복음이다 (롬 1:16).[6]

마음을 새롭게 변화시키는 진리

로마서 12장 2절은 단어 '변화시키다'(transform)를 사용한 신약의 몇 안 되는 구절 중 하나다. 로마에 있는 성도들에게 보낸 편지에서 바울은 지금까지 설명한 엄청난 신학이 개인의 삶에 어떠한 윤리적 영향을 미치는지 이야기하기 시작한다. 그러한 설명에 앞서, 바울은 개인의 정결과 변화의 중요성을 강조한다. 1절은 정결의 필요성을 말한다. "그러므로 형제들이여, 내가 하나님의 자비하심으로 여러분에게 권합니다. 여러분의 몸을 하나님께서 기뻐하시는 거룩한 산 제물로 드리십시오. 이것이 여러분이 드릴 영적 예배입니다." 2절에서는 변화에 이르는 여정을 말한다. "여러분은 이 세대를 본받지 말고 오직 마음을 새롭게 함으로 변화를 받아(metamorphousthe) 하나님의 선하시고 기뻐하시고 온전하신 뜻이 무엇인지 분별하도록 하십시오."

현대적인 관점에서 '사회'(society)는 우리를 순응시킨다. "사실상 바울은 이미 개인의 행동을 규정하는 사회단체와 문화적 규범, 제도와 관습의 영향력을 알고 있었다."[7] 우리는 어려서부터 사회의 가치, 규범, 생활양식, 세계관 안에서 자란다. 마치 물에 젖었다는 사실조차 인식하지 못하는 물고기처럼 우리는 사회의 영향력을 의식하지 못하고 흡수하고 있다. 가치와 신념, 행동 방식의 동화는 때로 공공연하게 일어나기도 하지만, 대부분은 자각하지 못하는 상태에서 일어난다. 그 과정에서 '자명한 진리'라고 믿지만 실제로는 거짓인 것을 받아들이게 된다. 심지어는 무엇인가 잘못되었다고 느끼는 그 순간에도 우리를 사회 규범에 순응시키려는 거대한 사회적, 심리적 압박에 짓눌린다.

모든 인간에게는 선하고 아름답고 정의로운 하나님의 형상이 있지만, 하나님을 거부한 대가로 개인과 사회 모두 타락했다. 우리에게 남아 있는 하나님의 형상도 완벽하지 않으며 부서지고 왜곡되었다(롬 1-2장). 변화가 필요한 이유는 '세상'과 '사회'가 하나님의 기뻐하시고 선하고 온전하신 뜻에 반기를 들기 때문이다. 특히 미디어의 영향으로 연결된 세상인 현대 사회에서 우리의 마음은 서로 모순되고 충돌하는, 복잡하고 과도한 정보에 노출되어 있다.

우리는 현대 사회의 다양한 문화 속에서 우리의 여러 질문에 답하고 방향성을 제시해 주는 종속된 문화를 마주한다. 하지만 문화가 하나님이 본래 의도하셨던 모습에서 멀어질수록, 하나님의 관점에서 진리와 정의와 진정한 사랑을 분별해 내기는 더욱 어려워진다. 오늘날 많은 이들이 사회 정의에 깊은 관심을 표한다. 그러나 진정한 정의를 어떻게 판가름하고 정의할 수 있을까? 성경의 가르침은 시간이 지날수록 더욱더 기존 문화에 도전을 가할 것이고, 변화의 필요성은 날로 절실해질 것이다.

로마서 12장 2절에 등장하는 "세대"(world)는 미묘한 의미를 내포한다. 바울은 당시에 주로 사용했던 헬라어 kosmos(코스모스) 대신 aiōn(아이온)을 사용하는데, 이 단어는 종종 "시대"(age)로 번역된다. 많은 성경학자는 바울이 "이 시대"와 앞으로 올 하나님 나라를 간접적으로 대비한다고 주장한다. 복음서 저자들과 바울은 곧 지나갈 이 시대와 앞으로 올 영원한 시대를 구분하기 위해 반복적으로 이 단어를 사용한다.[8] 이것은 이 시대와 이후의 시대를 시공간적 측면에서 대조하기보다는, 그리스도께서 이 땅에 오심으로 이미 시작되었고 신자들의 삶 속에서 분명히 드러나고 있는, 앞으로 임할 시대에 대한 긍정에 가깝다. 토머스 R. 슈라이너(Thomas R. Schreiner)는 이렇게 설명한다. "그렇다면 마음이 새롭게 됨으로 시작되는 변화는 지금의 악한 시대를 뚫고 들어올, 앞으로 임할 시대를 가리킨다."[9]

오늘날 우리는 이미 영원한 삶을 살고 있는데, 이것은 덧없고 심판받을 가치관과 생활방식에 매인 삶이 아니라, 각 개인은 물론 신자들이 함께 교제하는 공동체 안에서 새롭게 세워지는 하나님 나라의 변화된 삶이다. 이 관점에서 티모시 G. 곰비스(Timothy G. Gombis)는 "교회 공동체는 새로운 시대의 시작을 알리며, 새 창조의 첫 열매에 대한 증거"가 된다고 말한다.[10]

로마서 12장 2절은 "마음을 새롭게 함으로" 그러한 변화를 받는다는 점을 강조한다. 그리스도인의 삶은 단지 일련의 윤리규범을 받아들이는 것이 아니라, 삶에 대해 가지는 관점과 이해에 대한 근본적 변화다. 여기서 일컫는 "마음"이란 판단하고 논리적으로 생각하며 이해하는 능력을 말한다. 우리의 마음은 죄로 인해 타락했고 사회 규범에 물들어 왜곡되었기에 옳은 판단을 내리고 추론을 하려면 사고가 새로워져야 한다. 그렇지 않으면 하나님의 관점에서 이 세상의 정확한 현실을 바라볼 수 없다. 성경을 이해하고, 그 성경이 말하는 명확한 가르침을 삶에 적용하며, 명확한 성경적 지침이 없는 상황에서도 성경적으로 생각하고 살아 내려면 이러한 분별력이 반드시 필요하다. 그러면 우리는 하나님의 뜻이 무엇인지 분별할 수 있을 뿐 아니라 그 뜻을 "받아들이고" 또는 "기뻐 여기게"(NIV) 된다. 이는 하나님의 뜻이 언제나 선하고 온전하다는 사실을 이해할 때 비로소 시작된다.

이러한 변화는 정신적 혹은 철학적 변화를 의미하는 것이 아니며, 단순한 분별력의 문제도 아니다. 이는 하나님의 뜻을 행하게 되는 변화다. "바울은 로마의 그리스도인들에게 새로운 도덕적 관점을 받아들이라고 권한 것이 아니라, 심오한 변화를 전인격적으로 경험하라고 강조했다."[11] 로마서는 성도의 생활 방식과 인간관계, 태도가 하나님의 뜻에 합당해야 한다고 말하며, 그중에서도 삶에서 구체적으로 드러나야 하는 가장 중요한 증거는 진정한 사랑이라고 말한다(롬 12:9-10). 에베소서 4장 22-24절도 마음이 새롭게 됨은 그리스도 안에서의 새로운 삶이라는 상황에서 이루어진다고 설명한다. "거짓된 욕망을 따라 옛 습성을 좇아 썩고 있는 옛사람을 버리고 **심령으로 새롭게 돼** 하나님을 따라 의와 진리의 거룩함으로 지으심을 받은 새사람을 입으라."

성령은 무엇을 통해 마음을 변화시키는가? 바로 사도들과 선지자들에게 영감을 주어 우리를 위해 기록하신 성경이다. 변화된 삶이란, 신념과 태도와 행동을 담대하게 하나님의 진리에 비추어 확인하는 삶이다. 불편하게 느껴질 수 있는 성경의 가르침을 도외시하지 않는 것이다. 야고보서 1장 22-25절은 다음과 같이 권면한다.

> 여러분은 말씀을 실천하는 사람이 되고 듣기만 해 자신을 속이는 사람이 되지 마십시오. 만일 누가 말씀을 듣기만 하고 실천하지 않는다면 이 사람은 자기의 생긴 얼굴을 거울에 비춰 보는 사람과 같습니다. 그는 거울을 보고 돌아서서는 자신의 모습이 어떠한지 금방 잊어버립니다. 그러나 자유하게 하는 온전한 율법을 자세히 살피고 율법 안에 거하는 사람은 듣고 잊어버리는 사람이 아니라 실천하는 사람입니다. 이 사람은 자신이 행하는 일에 복을 받을 것입니다.

반면에, 조금 더 긍정적인 측면에서 바라보면, 우리를 구원하시는 그리스도의 사랑은 성경에 계시되었듯 우리에게 영감을 주고 새로운 능력을 부어 준다. 하나님 말씀은 하나님의 주권적 계획 안에 있는 미래에 희망을 준다. 하나님 말씀은 혼란의 때에 나아가야 할 길을 보여 준다. 하나님 말씀은 무너진 모든 것을 회복시킨다. 하나님 말씀은 무의미에 의미를 부여하고, 불안에 사로잡힌 마음에 평화를 준다.

성경을 올바로 읽는 법

교회가 변혁적 운동을 일으킬 때 하나님 말씀이 중심이라는 점을 지금까지 보았다. 이제 성경을 어떻게 읽고 적용해야 하는 지 이야기하겠다. 복음주의자들은 오랫동안 최소 세 가지 측면에서 성경의 실질적 중요성을 강조해 왔다. ⑴ 성령의 감동으로 기록된 성경은 오류가 없고 신뢰할 만하며 믿음과 삶의 모든 문제에 권위가 있다는 확증, ⑵ 성령 충만한 설교와 성경에 대한 신중한 가르침, ⑶ 매일 기도하며 지혜와 영적 성장과 하나님을 개인적으로 만나는 경험을 구하는 정기적 성경 읽기. 그러나 기존 신학에 반발하여 여러 영역에서 성경 읽기를 전적으로 개인화하고 사유화하며 심리화하려는 시도가 일어나 결국 신학적 성찰에서 분리되기도 했다. 때로 기존 신학은 수 세기 전의 논쟁이나 일상의 삶과 동떨어진 추상적인 논쟁에 몰두하는 무의미한 신학으로 인식되기도 했다. 그러나 성경에 대한 신학적 이해와 건전한 해석을 쉽게 묵살해서는 안 된다.

앞서 언급한 것처럼, 신약 성경은 거짓 교사들의 위험성에 대한 경고로 가득 차 있다. 올바른 신학적 틀이나 해석학적 관점이 아니라 그저 개인 의견에 따라 성경을 해석하면 성경의 권위를 약화시키고 성경이 가진 변화의 능력을 간과하게 된다.[12] R. W. L. 모벌리(R. W. L. Moberly)가 설명했듯이, 좀 더 신학적인 성경 읽기와 해석으로 돌아가야 한다. **"신학적 해석이란 하나님과 인간의 본성에 대한 성경의 증언이 지닌 영원한 진리에 관심을 갖고 성경을 읽는 것이며, 이는 인간이 하나님의 형상으로 변화되기 위함이다."[13]** 이제 성경을 읽고 이해하는 네 가지 측면을 강조하며 결론을 맺고자 한다. (1) 올바른 해석학을 적용하여 해석하기, (2) 성경의 적용을 상황화하기, (3) 성경의 선교적 추진력 발견하기, (4) 성경의 이야기 안에서 우리 자신을 발견하기.

1) 올바른 해석학을 적용하여 해석하기

올바른 성경 해석은 성경 본문의 의미를 본래의 역사적, 문법적 맥락에서 해석하며 시작된다. 우리는 하나님의 영감으로 쓰인 성경을 통해 하나님이 자신을 선언적으로, 인격적으로 드러내심을 믿는다. 그러므로 성경에서 하나님을 만나고자 한다면 반드시 그 본문이 전하려는 의도를 파악해야 한다. 물론, 우리는 각자의 경험을 대입해서 성경을 읽는다. 그러나 개인적 취향과 감상과 신념들이 자신도 모르는 사이에 영향을 미쳐 하나님이 의도하신 의미를 가려 버리기도 한다. 그러면 예언적이고 우리의 직관을 거스르며 세상에 도전을 주는 하나님의 음성을 듣지 못한다. 성경을 온전히 객관적인 시각에서 읽어 낼 수 있다는 생각도 순진하지만, 우리가 편견에 영향받을 수 있음을 인식하고 하나님이 의도하시는 메시지를 분명하게 들을 수 있도록 지속적으로 공부하는 것도 중요하다.[14]

2) 성경의 적용을 상황화하기

성경을 현재 상황에 적절히 적용하는 것은 성경이 변화를 일으키는 능력을 발휘하는 데 필수 조건이다. 이는 성경이 쓰인 당시의 의미를 해석하는 것 이상으로 나아가야 한다는 의미로, 이런 질문을 던져야 한다. "성경에서 직접 다루지 않았거나 1세기 당시에는 상상할 수 없었던 수많은 상황과 도전에 직면한 지금, 예수님을 신실하게 따르는 사람으로서 살아간다는 것은 어떤 의미인가?"[15] 복음 전도뿐 아니라 윤리론과 교회론, 전반적인 그리스도인의 삶에서도 성경적 가치와 목적이 반영된 상황화가 이루어져야 한다. 사실, 모든 교회는 어떤 면에서든 상황화되어 있다. 교회 사역의 모든 요소는 문화를 어느 정도 반영하기 때문에 문화적으로 중립적인 교회는 존재하지 않는다.[16] 다만 중요한 문제는 교회가 의도적 상황화를 통해 이 시대를 분별하고 사역을 발전시켜 급변하는 문화 속에서 신실한 제자들을 양성하고 있는가 하는 것이다.

상황화는 복잡하고 때로 논쟁을 불러일으킬 수 있는 주제이기 때문에, 영적 지도자들은 이 주제를 다룬 자료를 잘 이용해야 한다.[17] 성경적 상황화와 문화적 타협을 혼동해서는 안 된다. 성경적 상황화는 예언적이고, 기존 문화에 저항하며, 사회에서 통용되는 가치와 삶의 방식에 도전한다. 또 시대의 필요를 다루며 이 시대 많은 사람이 이해할 수 있는 언어와 형식으로 소통한다. 참으로 교회는 세상에 가장 도전적일 때 세상과 가장 긴밀한 연관을 맺는다. 이 사명을 온전히 잘 감당하려면 성경과 문화를 잘 해석할 수 있어야 한다. 성경을 해석하는 정도만큼 문화는 잘 해석하지 못하는 경우가 있다. 그러나 성경과 더불어 이 시대 문화를 정확히 이해하지 못하고 둘 사이에 설득력 있는 다리를 놓지 못한다면, 변혁적 제자를 만들고 변혁적 교회를 성장시키는 일에 실패할 것이다.[18]

그 어느 때보다도 어지러운 속도로 급변하는 문화 속에서 삶의 목적을 상실한 채 살아가는 사람들은 어디서나 볼 수 있다. 이러한 변화는 기술의 급속한 발전, 세계화, 이민, 종교적이고 민족적인 다양화, 문화적 융합, 세대 간 분열을 통해 급속히 진행되고 있다. "때를 알고 이스라엘이 할 일을 알았던" 잇사갈 사람들의 통찰력과 분별력이 지금처럼 요구된 적은 없었다(대상 12:32). 교회의 전통은 소중히 간직하되 이 시대의 필요와 질문에 응답하지 못하는 옛 형식과 방식에 갇혀 버려서는 안 된다. 올바른 성경적 상황화는 교회로 하여금 현 시대와 소통하게 하고 성경에 충실함으로 미래를 준비시킨다.

3) 성경의 선교적 추진력 발견하기

기독교적 가치를 어느 정도 인정하거나 혹은 인정해야 한다고 기대하는 사회에 살면서 (오늘날 많은 교회가 그러는 것처럼) 대대로 혹은 수백 년에 걸쳐 신앙생활을 하고 있는 신자들을 대상으로 기록된 책이 신약 성경이라고 여기는 경우가 있다. 하지만 신약의 세상은 그렇지 않을뿐더러, (만약 그랬다 하더라도) 당시의 시대상과 우리의 현실은 점점 멀어지고 있다. 신약은 1세기 기독교인들을 위해 기록된 것으로, 그들은 적대적인 이방인들 사이에서 그리스도의 제자로 살아가는 일의 의미를 고심하던 사람들이었다.

하워드 마샬(I. Howard Marshall)은 말한다. "신약 신학은 본질적으로 선교 신학이다. … 이 신학은 선교 운동에서 시작되어 그에 의해 모습을 갖추었다. … 이 문서가 가진 선교적 특징을 인식할 때 원래 의도에 맞는 진정한 관점에서 이를 해석할 수 있다."[19] 이러한 관점은 성경의 선교적 읽기 또는 선교적 해석학을 가능하게 만든다.[20] 크리스토퍼 J. H. 라이트는 이러한 접근법을 다음과 같이 요약한다. "간단히 말하면, 선교적 성경 해석학은 성경 전체가 '하나님의 모든 창조 세계를 위해 하나님의 세상에 관여하는 하나님의 백성을 통해 펼쳐지는 하나님의 선교 이야기'를 우리에게 전한다는 가정에서 출발한다."[21]

이것이 성경을 읽는 유일한 방법은 아니지만, 오랫동안 간과되어 온 이 방식을 반드시 회복해야 한다. 이 방식은 세 가지 주요한 이점이 있다. 첫째로, 성경을 지나치게 사유화하거나 개인화하여 개인적인 교양 혹은 교회와 관련된 목적으로만 성경에 관심을 갖는 경향에 거리를 두게 한다.

둘째로, 오늘날 세상에서 교회가 감당해야 할 선교적 부르심을 더욱 명확히 이해하게 한다. 1세기 초 기독교인들이 처했던 상황과 유사해지고 있는 탈기독교(post-Christian) 문화에서는 이러한 부분이 특히 중요하다. 교회를 사회 구조 내에서 특별히 혜택받는 종교적 봉사 단체로 인식하지 말고 선교적 공동체로 이해해야 한다. 이방인들의 세상에서 살았던 초대 그리스도인들이 겪었을 경험에 더 관심을 기울이며 신약 성경을 읽을 때, 비로소 그 말씀을 오늘날 더욱 알맞게 적용할 수 있다. 대럴 구더(Darrell L. Guder)의 말을 빌리면, 교회의 성경적 기초를 세우기 위해서는 "(신약 성경에) 기록된 간증을 통해 하나님의 백성이 지닌 선교적 부르심이 어떻게 형성되고, 그들이 이 일에 어떻게 준비되었으며, 오늘날에는 이것이 어떻게 가능할 수 있는가?"[22] 라는 끊임없는 질문에 답할 선교적 성경 해석학이 필요하다.

셋째로, 성경의 선교적 읽기는 일반적인 문화에 덜 방어적인 자세를 취하면서 더 큰 기쁨과 확신을 가지고 예언적인 태도로 문화에 참여하게 한다(언제든 반대에 부딪힐 것이라는 점도 인식하게 한다; 마 5:11-12; 딤후 3:12).

4) 성경의 이야기 안에서 우리 자신을 발견하기

전체적으로 보면 성경은 창조에서 시작되어 죄로 인한 타락을 거쳐 구원으로, 새 창조로 이어지는 하나님의 경이로운 이야기다. 좋은 이야기는 누구든 공감할 수 있는 이야기인데, 성경은 바로 하나님의 이야기다. 이야기는 상상력을 자극하고 영감을 불어넣는다. 이야기는 문자를 사용하지 않는 문화권에서 중요한 역할을 하는데, 문자를 사용하는 문화권에서도 월터 옹(Walter Ong)이 "2차적 구술성"이라고 부르는 구술적 혹은 가시적 형태의 의사소통이라는 중요한 역할을 한다(유튜브를 생각해 보라).[23]

사람들은 맥락에서 벗어난 고착화된 표현으로 말해 주는 진리보다 진리를 구체화하거나 풀어내는 이야기에 더 영향을 받는다. 그래서 나는 성경을 읽고 가르치고 설교하는 이야기식 접근법이 반드시 재발견되어야 한다고 믿는다. 이야기의 힘과 설득력은 이야기 분석이 아니라 이야기 자체에서 나온다. 케빈 밴후저(Kevin J. Vanhoozer)는 성경을 하나님의 구원 이야기를 다룬 위대한 드라마, 즉 "하나님의 드라마"(theodrama)라고 표현했다. 성경을 선교적으로 읽을 때 하나님의 선교 이야기가 보인다.[24]

그러나 여기서 한 걸음 더 나아가 하나님의 선교 이야기 안에서 우리 자신과 우리의 역할을 발견할 수 있어야 한다. 우리는 삶에 의미와 목적을 부여하는 이야기의 일부가 되고 싶은 마음이 있다. 하나님의 그 거대한 이야기(혹은 드라마)를 깊이 이해할수록, 모든 사람이 동참하는 가장 위대한 이야기 속으로 들어가게 된다. 기독교 신학은 "오늘날 구원 드라마에서 각자에게 합당한 역할을 맡아 참여할 수 있도록 성경적 방향성을 제공한다"[25]라고 밴후저는 말한다. 교회는 십자가로 이루신 죄 사함 장면을 크고 작은 장면들을 통해 상영하는 "'복음 극장'이다. 교회는 세상이라는 관객을 두고 하나님 나라를 상영하기 위해 기도하는 사람들이 모인 곳이다."[26]

그렇다면, 현대 세상과 다른 성경 속 세상을 상영한다는 것은 어떤 의미인가? 밴후저는 이렇게 설명한다. "교회는 살아 있는 성경이 되어야 한다. 맞다. 이 말은 성경에 등장하는 장면을 문자 그대로 재현(혹은 반복)해야 한다는 뜻이 아니라 … 오늘도 계속해서 예수님을 충실히, (그리고 반드시) 창조적인 방식으로 따르는 것을 말한다."[27] 이 세상이 신약의 세상과는 다른 까닭에, 우리는 복음으로 인한 우리의 삶을 창조적으로 만들어 가야 한다.[28] 복음으로 인한 삶은 성경적 구성과 줄거리에 충실하면서도 우리가 사는 시대를 반영해야 하고, 언제나 역사 안에서 이루어지는 하나님의 구원을 절정으로 제시해야 한다. 우리는 역사를 통해 이루어지는 하나님의 거대한 구원 이야기를 알고 있어야 한다(즉

성경적으로 사고해야 한다).[29]

그리하여 우리는 그 이야기의 흐름을 따라 살아가며, 이 시대에서 그 진행 과정에 참여하는 존재가 될 수 있다. 우리는 반역과 죽음, 불의의 이야기에서 나와 하나님의 영광으로 끝마치는 거대한 구원 이야기 속으로, 새로운 창조 이야기 속으로 들어간다. 모든 선교 행위를 통해 우리는 그리스도의 완전한 통치 아래 만물이 궁극적으로 변화되고 하나님 나라가 이루어지며 민족과 종족과 언어를 초월하여 구원받은 사람들이 기쁨으로 예배드리는, 그 이야기의 결말을 향해 나아가게 된다.

성경을 올바르게 읽고 오늘날 시대에 상황화하여 적용하며, 성경에서 선교의 추진력을 찾아내고, 성경 이야기와 하나님의 구원 역사 안에서 우리의 위치를 발견하는 것은 참으로 고되고 도전적인 일이다. 우리는 성경을 진지하게 공부해야 한다. 신학적 성찰과 신학 교육의 가치를 가볍게 여겨서는 안 된다. 언제나 문화를 배우고 익혀 성경을 이 시대에 적용할 수 있는 분별력을 길러야 한다. 그러면 하나님의 위대한 구원 드라마에서 역할을 맡는 특권이 우리에게 있음을 새롭게 깨달을 수 있을 것이다. 이 길을 가면서 때로 발을 헛디딜 때도 많겠지만, 성령의 조명과 믿음의 선배들의 인도를 신뢰하며 계속 나아가야 한다.

* * *

변혁적 교회를 확장, 배가해 나가고자 한다면 절대적으로 그 중심에 성경에 계시된 하나님의 진리가 있어야 한다. 이 점을 결코 잊어서는 안 된다. 선교를 감당할 때 올바른 성경 해석과 시대 상황에 맞는 적절한 적용은 교회의 선택 사항이 아니라 필수 사항이다. 하나님이 그분의 구원 이야기 속으로 우리를 초청하셨다는 사실에 새로운 감동을 받아야 한다. 우리는 기쁨으로 담대하게 복음을 선포하고 성경을 명확하게 가르치라는 명령을 받았다. 하나님의 진리는 거짓과 혼돈의 구름을 걷어 내고 새로운 삶을 창조해 내며, 우리를 죄에서 자유롭게 하고 사랑할 수 있는 능력을 부어 주며, 부서진 것을 회복시키고 예수님과 연합시킨다. 어떤 좋은 일을 하든 교회는 "사람이 빵으로만 사는 것이 아니라 하나님의 입에서 나오는 모든 말씀으로 산다"라는 사실을 잊지 말아야 한다(마 4:4; 참고. 신 8:3).

그러므로 진리를 알고 그에 따라 사는 것은 죄로 인한 저주를 전복하고 개인이나 공동체로 새 창조의 변화를 경험할 때 필수적이다. 변혁적 교회는 그 기초를 하나님의 진리, 곧 변화를 일으키는 하나님 말씀에 둔다.

세상이
예측 못할 힘을 가진
교회

길을 안내하는 빛, 악에 맞서는 소금으로 살다

독자가 가장 먼저 떠올릴 변화의 한 측면은 그리스도인이 더 넓은 사회에 미치는 영향력일 것이다. 지금까지는 변혁적 교회의 영적 핵심인 개인의 변화를 살펴보았다. 그리고 변화가 개인적인 문제로만 머물 수는 없음을 거듭 강조했다. 진정으로 변화를 경험한 사람은 하나님과 개인적으로 맺는 관계뿐 아니라 다른 이들과 맺는 관계에서도 변화를 겪는다. 또한 구원받은 자들의 공동체, 곧 하나님의 가족으로서 하나님을 예배하고 하나님이 주신 위대한 사명을 수행하며 하나님의 위대한 계명에 순종하는 하나님 나라 공동체의 지역적 교제에 참여하게 된다. 그는 다른 이들과, 더 나아가서 더 큰 사회와 맺는 관계 속에서 변화를 일으키는 하나님 사랑의 중개자가 되어 예수님이 보냄을 받으신 것과 같이(요 20:21) 이 세상으로 보냄을 받는다. 비나이 새무얼(Vinay Samuel)은 복음으로 일어나는 변화의 포괄적인 본질을 이렇게 설명한다. "변화란 사회를 향한 하나님의 비전이 사회적·경제적·영적인 모든 관계에서 실현되어, 인간 사회 속에 하나님 뜻이 반영되고, 모든 공동체가, 특히 가난한 자들이 하나님의 사랑을 경험하게 되는 것이다."[1]

그러나 공공 영역에서 교회가 어떤 역할을 감당해야 하는지는 논쟁의 여지가 있으며 다양한 질문이 제기된다. 과연 우리는 사회 개혁이나 정치 행위에 참여하여 구조적 불평등 문제를 직접 해결해야 하는가? 더 의롭고 긍휼한 삶을 살면서 더 많은 개인을 회심시킴으로 이 사회에 영향을 미쳐야 하는가? 이 세상 전체가 하나님의 심판 아래 있다고 보고 침몰 중인 배에서 가능한 한 많은 사람을 구조해야 하는가? 그 답은 모든 접근 방식을 통합하고 각 교회가 맞닥뜨린 상황을 고려해서 찾아야 할 것이다.[2]

이번 장에서는 복잡한 논쟁에 정면으로 뛰어들기보다는 몇몇 주요 성경 본문을 통해 예수님을 따르는 성도들이 기독교 공동체를 넘어 이 '세상' 속에서 미치는 광범위한 영향력을 알아볼 것이다. 이 장에서 언급하는 영향력은 기독교인 한 사람이 갖는 개인적인 영향력뿐 아니라 교회의 집단적인 영향력도 의미한다. 두 영향력은 모두 중요하기 때문이다. 성도 개개인이 넓은 사회에 영향을 미치며 사회를 변화시키더라도, 교회는 교회로서 오직 제자훈련과 복음 전도에만 전념해야 한다고 주장하는 이들이 있다.[3] 물론 성도 개개인의 영향력과 교회 공동체의 영향력 사이에는 실질적 차이가 존재하는 것이 분명하지만, 그 차이를 과도하게 이분법적으로 나누지는 말아야 한다.[4] 개인주의적 성향이 강한 사회에서는 공동체의 증인 역할 및 교회 공동체의 영향력을 과소평가하는 경향이 있다. 교회가 하나의 몸이 되어 끼치는 영향력은 교회 각 구성원이 개인적으로 미치는 영향력의 총합보다 훨씬 크다. 서로 연합할 때 시너지 효과가 발생하는 것은 물론이고, 믿는 자들로 이루어진 하나님의 구원 공동체는 개인만으로는 결코 할 수 없는 방식으로 세상에서 변화와 화해와 회복의 모범

이 된다. 사도 바울은 하나님의 은혜로 세상을 섬기는 것을 "교회를 통해 하늘에 있는 권력들과 권세들에게 하나님의 무한한 지혜를 알리시려는 것"으로 설명한다(엡 3:10).

예상을 뛰어넘는 교회의 영향력

예수님은 많은 비유를 들어 신비로운 하나님 나라에 대해 들려주셨는데, 거기에는 언제나 청중의 고정관념을 뒤흔드는 예상치 못할 반전이 있었다. 두 가지 비유가 하나님 나라의 영향력을 설명한다. 바로 겨자씨 비유와 누룩 비유다(마 13:31-33; 막 4:30-31; 눅 13:18-21). 이 두 비유 해석은 작은 씨앗이 자라나 결국 큰 나무가 되고 보이지 않는 누룩이 결국 빵 전체에 영향을 미치듯 하나님 나라의 두루 퍼지는 영향력을 강조하는 데 초점이 있다.

그러나 확연하게 드러나는 하나님 나라의 영향력(이에 대해서는 잠시 후 거론할 것이다) 이외에 또 다른 중요한 의미가 내포되어 있다. 이 부분을 놓치는 이유는 우리가 1세기 유대인의 시각에서 이 비유를 읽어 내지 못하기 때문이다. 당시 유대인들은 억압하는 자들에게서 이스라엘을 구원하고, 예루살렘에 극적으로 등장하여 최종적이고도 결정적인 승리를 가져다줄, 종말론적인 왕국을 세울 메시아를 고대하고 있었다. 그들이 기대한 메시아는 나귀를 타고 나뭇가지를 밟고 오시는 분이 아닌, 왕의 종마를 타고 칼을 들고 예루살렘에 입성하는 메시아였다. 그러나 예수님은 기대에 찬 사람들을 계속해서 실망시키셨다. 예수님은 정복하는 왕이 아니라 고난받는 메시아로 오셨다. 하지만 그분의 나라는 당시 사람들의 생각보다 훨씬 급진적이고 실제로 더욱 강력한 나라였다. 이 비유들은 바로 그 점을 보여 준다. 어느 성경학자가 이를 다음과 같이 표현했다.

하나님 나라를 나무에 빗대어 표현하는 것은 나무가 (하나님의) 나라를 가리키는 성경의 상징이라는 측면에서 이해된다. 에스겔 17장 22-24절의 백향목은 미래에 펼쳐질 이스라엘의 회복을 상징한다. 예수님의 비유가 놀라운 점은 채소가 나는 텃밭에서 비유를 가져오셨다는 것, 곧 가장 큰 나무가 아니라 가장 작은 씨앗에 대해 말씀하신다는 것이다. … 하나님 나라의 일은 하늘 군대가 아니라 이 땅의 제자들을 통해 이루어진다. 하나님 나라는 로마인을 패배시키는 승리가 아니라 귀신이 쫓겨나고 병든 자가 회복되듯 잘 드러나지 않는 사역으로 이루어진다. 정확히 이처럼 별 볼 일 없어 보이는 시작이 예상치 못한 결과를 가져올 것이다. 이것이 하나님 나라에 대한 모든 승리주의적 기대와 구별되는 근본 차이점이다.[5]

비유에 등장하는 겨자씨의 작음이 나무의 거대함보다 강조된다.[6] 겉보기에는 하찮아 보이는 시작이 예상치 못한 큰 결과를 가져올 수 있다. 이는 누룩 비유에서도 발견된다. 이 비유에 등장하는 것은 빵을 굽는 곳이지 전쟁 전략을 논의하는 상황실이 아니다. 그렇다. 하나님 나라의 영향력은 지속되며 돌이킬 수 없이 커지겠지만, 그 과정은 눈에 보이지 않을 만큼 점진적으로 진행된다.[7]

두 비유는 당시 유대인들에게 두 가지 면에서 충격이었을 것이다. 하나는 (작은 겨자씨처럼) 외견상으로 대수롭지 않아 보이는 그 나라의 시작이고, 다른 하나는 (누룩처럼) 겉으로 드러나지 않는 그 나라의 영향력이다. 이 두 경우는 유대인들의 기대와 달리 극적이고 혁명적인 모습이 아니라 아주 작은 모습으로, 점진적으로 시작되었다. 누가복음에서는 이렇게 설명한다. "바리새파 사람들이 하나님 나라가 언제 올 것인지 물어보자 예수께서 대답하셨습니다. '하나님 나라는 눈으로 볼 수 있는 모습으로 오지 않는다. 또한 '보라. 여기에 있다', '보라. 저기에 있다' 하고 말할 수도 없다. 하나님 나라는 너희 안에 있기 때문이다'"(눅 17:20-21). 심지어 예수님의 부활 이후 제자들도 하나님 나라를 이스라엘의 회복과 동일시하며 그날이 언제 올지 궁금해했다(행 1:6).

하나님 나라는 실제적 영향력을 행사한다. 겨자씨는 자라나서 그 땅에서 가장 큰 나무가 되어 공중의 새들에게 안식처를 제공하는데, 이 새들은 유대교 문헌에서 이방인들을 의미할 가능성이 높다.[8] 누룩도 마찬가지로 반죽 전체에 실제적 영향을 미친다. 그러나 이것은 그리스도인들의 영향력이 점점 커져 온 세상에서 승리를 거두어 전 세계에 그들의 나라가 임하리라는 뜻이 아니다. 오히려 성경의 여러 구절은 이 세상 종말이 다가올수록 인간이 더욱 패역해지고 복음에 대한 박해가 더욱 심해진다고 경고한다(마 24:3-12; 딤후 3:1-5). 하나님 나라의 온전한 임재와 사탄의 궁극적 패배는 예수님이 다시 오셔서 하나님의 영광이 드러날 때 온전히 이루어질 것이다.

하나님 나라는 예수님이 처음 이 땅에 오셨을 때 이미 시작되었다. 본질적으로 혁신적이고 새로운 영적 운동이 시작된 것이다. 지금은 작아 보이는 것, 잠잠해 보이는 것들이 결국 근본적이고도 혁명적인 방식으로 역사의 흐름을 바꿔 놓을 것이다. 마지막 때가 이르면 하나님 나라 공동체인 교회들이 땅끝까지 세워져 만민 가운데 증인으로 세워지리라 기대된다. 인류 역사의 드라마가 마침내 막을 내리기 직전, 각 나라와 족속과 방언에서 어린양의 보혈로 구원받는 사람들이 있을 것이다(마 24:14; 행 1:8; 계 5:9-10).

그러나 교회를 겨자씨 혹은 누룩과 성급하게 동일시해서는 안 된다. 비유가 묘사하는 것은 하나님 나라의 영향력이다. 교회가 하나님 나라의 도구인 것은 맞지만, 그럼에도 이 둘을 동일시할 성경적 근거는 없다. 문맥상으로 이 비유들은 하나님의 말씀을 가리키는데, 말씀이 바로 영적 성장 및 삶에서 맺는 결실의 원천이 된다.[9] 물론 말씀을 선포하는 것은 교회가 감당해야 할 사명이며, 하나님의 통치와 영향력은 주로 하나님의 백성을 통해 다양한 방식으로 세상에 확장된다.

이 비유들은 더 큰 사회 안에서 교회가 발휘하는 변혁적 영향력에 실천적 교훈을 제시한다. 첫 번째로, 어느 지역에서든지 기독교 공동체는 아주 작고 심지어는 박해받는 소수일 수 있다는 것과 하나님의 뜻이 이루어지지 않는 것처럼 보일 수 있지만 하나님 나라는 반드시 승리한다는 것이다. 우리는 겉으로 보이는 것에 미혹되기도 한다. 하나님의 백성이 발휘하는 영향력은 수적으로나 영향력으로나 너무나도 작을 수 있다. 그러나 그러한 상황에 낙담하거나 좌절해서는 안 된다. 하나님 나라는 주로 작고 미약하게 시작되어 눈에 띄지 않는 방식으로, 점진적으로 확장된다.

진리의 이러한 면은 두 번째 교훈을 준다. 정치 세력이나 전투적 정신 혹은 중세 십자군 같은 정신으로 교회 안에서 이루어지는, '문화를 이겨' 승리하려는 시도들은 이 비유들이 전하는 메시지 및 예수님의 정신과 어긋난다는 사실이다. 우리는 강요할 것이 아니라 십자가의 방식을 따라야 한다. 십자가 위의 죽음을 통해 예수님은 가장 위대한 승리를 이루셨지만, 처음에는 궁극적으로 실패하신 것처럼 보였다. 땅을 유업으로 받을 사람들은 군인이 아니라 온유한 자들이고, 이 온유함은 성령의 열매다 (마 5:5; 갈 5:23). 하나님 나라의 (그리고 교회의) 영향력은 변혁적이지만 강압적이지 않다. 이는 정치 현장이나 사회 프로젝트로 예언적 목소리를 내며 선한 영향력을 미치려는 그리스도인들의 노력을 과소평가하려는 것이 아니다.[10] 하지만 근본적으로 하나님 나라의 영향력은 삶 전체를 변화시키는 성경적 가치와 영적 변화에 뿌리를 두고 있다. 이러한 힘이 1세기 무렵 "세상을 시끄럽게 했고"(행 17:6) 지금도 그러하다.[11] "그러나 하나님께서는 지혜로운 사람들을 부끄럽게 하시려고 세상의 어리석은 것들을 택하셨고 강한 것들을 부끄럽게 하시려고 세상의 약한 것들을 택하셨습니다. 또한 하나님께서는 잘난 체하는 것들을 없애시려고 세상의 천한 것들과 멸시받는 것들과 아무것도 아닌 것들을 택하셨습니다. 이는 어떤 육체라도 그분 앞에서 자랑하지 못하게 하려는 것입니다"(고전 1:27-29).

이것은 소극적으로 선을 행하며 그리스도의 재림을 기다려야 한다는 의미가 아니다. 치유와 정의, 진리와 긍휼이라는 하나님의 관심사는 그분의 백성 가운데 명확히 드러날 것이며, 백성은 이러한 가치들을 자기 삶의 영향권 안에서 드러내는 역할을 감당할 것이다. 20세기 초 근대주의자들과 근본주의의 분열로 많은 복음주의자들이 사회 복음을 거부하며 공적 영역에서 물러났다. 그러나 20세기 중반에 이르러 칼 F. H. 헨리(Carl F. H. Henry) 같은 인물들이 목소리를 내면서 복음주의의 사회적 양심이 다시 깨어나기 시작했다.[12] 레슬리 뉴비긴에 따르면, "복음 자체의 단순한 논리는 [단순히 복음 선포에만 초점을 두었던 이들을] 병든 자를 치유하고 굶주린 자를 먹이며 힘없는 자를 돕는 사역 안으로 강력하게 끌어들이고 있다."[13] 인권과 평등에 관련된 현대의 여러 개념은 그 뿌리를 유대-기독교적 가치관에 둔다.[14] 종교는 일반적으로 생각하는 것보다 공익에 기여하는 바가 훨씬 크다.[15] 그러나 두 비유는 어떤 방법과 영적 원리로 세상의 악에 맞서며 정의와 긍휼을 행해야 할지 상기시킨다.

세상을 변화시키는 주체가 되라

그리스도인의 영향력은 산상수훈에서 더욱 명확하게 드러난다. 마태복음 5장 13-16절에서 예수님은 제자들을 세상의 소금이자 세상의 빛으로 설명하신다. 이것은 제자들이 속한 공동체 너머에 있는 사람들 및 그들이 살아가는 사회와 맺는 관계 속에서 가능하다. 교회와 세상은 서로 구분된 공동체로, 교회는 세상을 변화시키는 주체가 되도록 부름받았다.[16] 특히 13절과 14절에서 헬라어는 "너희는"을 강조한다. "너희들, 나의 제자인 너희는,

다른 이들과 달리, 세상의 소금이자 … 세상의 빛이다."[17] 디트리히 본회퍼는 "'너희는 소금을 가지고 있다'가 아니라 '너희가 소금이다'"라는 말씀에 주목한다.[18] 예수님은 "너희는 따끔한(salty) 말을 해야 한다"라고도 하지 않으셨다. "너희는 빛이다. 그저 손에 등불을 들고 있는 것이 아니다." 역시 이와 비슷하다. 세상에는 이런 존재가 부족하다. 세상에는 소금과 빛이 필요하고, 오직 교회가 그 필요를 채울 수 있다.

1) 소금과 빛이 된다는 것

이러한 단어들의 뜻을 제대로 이해하려면, 하나님 나라의 마그나 카르타(대헌장)[19]라고 불리는 산상수훈의 문맥을 깊이 살펴봐야 한다. 존 스토트의 산상수훈 주석서(《존 스토트의 산상수훈》, 생명의말씀사 역간) 제목은 *Christian Counter-Culture*, 곧 '기독교 대항 문화'인데 이는 매우 적절하다. 산상수훈은 하나님 백성이 된다는 말의 의미를 근본적으로 재정립해 주기 때문이다. 제자들에게 빛과 소금이 되라고 하신 예수님 말씀 이전에 팔복(마 5:1-11)은 그리스도인이 갖추어야 할 성품, 곧 이 세대를 본받지 않고 변화를 받는다는 말씀의 의미(롬 12:2)를 설명한다. 팔복에 열거된 덕목, 곧 심령의 가난함, 애통함, 온유함, 의에 주리고 목마름, 긍휼히 여김, 마음의 정결함, 평화를 이루어 냄은 우리를 놀라게 한다. 흥미롭게도 이는 세상적인 권력의 지표가 아니다(겨자씨와 누룩을 떠올려 보라). 그리스도의 제자들을 빛과 소금으로 만드는, 문화에 대항하는 가치들이다. 세상을 변화시키는 주체가 되고자 한다면 우리 자신이 먼저 변화되어야 한다. 빛과 소금이 되어야 빛과 소금으로 영향력을 발휘할 수 있다. 교회는 빛과 소금인 제자들을 양성할 때 빛과 소금의 영향력을 미치기 시작한다.

팔복의 막바지에는 제자의 또 다른 특징이 언급되는데 박해를 받는다는 것이다. "복되도다! 의를 위해 핍박을 받는 사람들은, 하늘나라가 그들의 것이다. 복되도다! 나 때문에 사람들의 모욕과 핍박과 터무니없는 온갖 비난을 받는 너희들은, 기뻐하고 즐거워하라. 하늘에서 너희들의 상이 크다. 너희들보다 먼저 살았던 예언자들도 그런 핍박을 당했다."(마 5:10-12). 예수님은 "만약 다른 이들이 너희들을 박해한다면"이 아니라 "다른 이들이 너희들을 박해할 때"라고 말씀하신다. 박해는 피할 수 없다. 이는 그리스도인의 영향력을 드러내기에 유리한 상황으로 보이지 않는다. 다시 한 번 말하지만 이것은 우리의 기대와 완전히 어긋난다.

예수님은 이렇게 말씀하신다. "내가 너희를 보내는 것이 양을 늑대 소굴로 보내는 것 같구나. 그러므로 뱀처럼 지혜롭고 비둘기처럼 순결해야 한다"(마 10:16). 제자들은 틀림없이 '늑대에게 가는 양이라고요? 예수님, 혹시 거꾸로 말씀하신 것 아닙니까?'라고 생각했을 것이다. 하지만 예수님은 이에 멈추지 않으시고,

"사람들을 조심하라. 그들은 너희를 법정에 넘겨주고 회당에서 너희를 채찍질할 것이다. 그리고 너희는 나 때문에 총독들과 왕들 앞에 끌려가 그들과 또 이방 사람들에게 증인이 될 것이다"라고 말씀하신다(마 10:17-18). 예수님은 제자들을 거부하는 세상으로 그들을 보내신다.

첫 제자들에게만 해당되는 말씀이라고 생각하고 싶을지 모른다. 그러나 역사는 예수님의 신실한 제자들이 계속해서 박해의 대상이 되었음을 보여 준다. 그 반대 상황을 기대해서는 안 된다. 전통적인 기독교 국가에서조차 교회가 비주류로 밀려나고 대중에게 혐오를 받는 상황에서, 예수님의 말씀은 절실히 와닿는다. 그렇다면 어떻게 예수님이 주신 가르침을 복으로 여기며 이에 따라 살아갈 것인가? 빛과 소금 된 그리스도인들은 예수님이 전에 하신 말씀처럼, 예수님이 보여 주신 삶을 따라 살아가는 사람들이다. "그러나 나는 너희에게 말한다. 너희 원수를 사랑하고 너희를 핍박하는 사람을 위해 기도하라. 그리하면 너희가 하늘에 계신 너희 아버지의 아들들이 될 것이다"(마 5:44-45). 이러한 정신을 이어받아 사도 바울은 우리의 소명이 우리가 받은 박해를 그대로 되돌려 주는 것이 아니라 박해하는 자들을 오히려 축복하는 것임을 밝힌다(롬 12:14; 고전 4:12; 마 5:39, 43).

빛과 소금이 된다는 것은 때로 사회가 따르는 가치와 규범과 생활 방식에 대항하여 목소리를 높이는 것을 뜻한다. 독특하지만 때로는 사람들이 듣고 싶어 하지 않는 예수님의 주장을 옹호해야 한다는 뜻이기도 하다. 그러면 드물게나마 친구를 얻기도 하겠지만 대부분의 경우 적대감을 자극할 것이다. 헬무트 틸리케(Helmut Thielicke)는 우리가 세상의 꿀이 아니라 세상의 소금이며 소금은 상처에 닿으면 아픔을 준다고 상기시킨다.[20]

우리는 무력이나 대립이 아니라, 하나님의 자녀 된 삶을 통해 이 세상에 하나님 나라의 가치와 메시지를 퍼트린다. 적대적인 세상을 이길 수 있는 힘은 우리 삶에서 드러나는 하나님의 사랑의 능력이다. 바울은 공적 영역에서 복음을 전하는 것에 관해 "여러분은 언제나 소금으로 맛을 내는 것같이 은혜롭게 말하십시오. 그러면 여러분은 각 사람에게 어떻게 말할 것인지 알게 될 것입니다"라고 가르친다(골 4:6). 예수님 말씀을 되새기는 사도 베드로도 박해에 직면한 사람들을 격려한다.

그러나 여러분이 의를 위해 고난을 당하면 여러분은 복 있는 사람들입니다. 그들의 위협에 두려워하지 말고 불안해하지 마십시오. 오직 여러분의 마음에 그리스도를 주로 삼아 거룩하게 하고 여러분이 가진 소망에 관한 이유를 묻는 모든 사람에게 대답할 것을 항상 준비하되 온유와 두려움으로 하고 선한 양심을 가지십시오. 이는 여러분이 비방을 받을 때 그리스도 안에서 행한 여러분의 선한 행실을 비방하는 사람들로 하여금 수치를 당하게 하려는 것입니다. 하나님의 뜻이면 선을 행하다 고난을 당하는 것이 악을 행하다 고난을 당하는 것보다 낫습니다.(벧전 3:14-17)

따라서 거부당하고 박해받는 순간에도 우리의 영향력이 계속되려면 우리를 반대하는 자들에게 은혜와 겸손과 사랑으로 반응해야 한다.

2) 너희는 세상의 소금이라

고대 사회에서는 주로 맛을 내고 보존하는 용도로 소금을 사용했다. 때로는 땅을 비옥하게 만들 때도 소량 사용했다. 마태복음 5장 13절은 고기를 신선하게 유지하는 소금의 기능과 관련 있을 것이다. 이처럼 세상 속 그리스도인의 영향력은 도덕적 부패를 막는다. 우리의 소명은 죄악을 공개적으로 비난할 뿐 아니라, 죄악을 근본적으로 막고 죄의 결과로 초래될 문제를 적극적으로 해결하는 주체가 되는 것이다. 우리는 죄의 결과뿐 아니라 근원에도 관심을 가져야 한다.

예수님은 "너희는 이 땅의 소금이다. 그러나 만일 소금이 짠맛을 잃어버리면 어떻게 다시 짜게 되겠느냐? 아무 데도 쓸 데가 없어 바깥에 버려지고 사람들에게 짓밟힐 것이다"라고 경고하신다(마 5:13). 짠맛을 잃고 소금 같은 영향력을 잃어버린 신자는 쓸

모없는 사람이라니! 듣기에 거북한 말일 수 있다. 오늘날 우리에게는 "짠맛을 잃은 소금"이 생소하게 들린다. 하지만 1세기의 소금은 오늘날처럼 정제된 상태가 아니었다. 당시 소금은 주로 염도가 높은 습지에서 채취했는데 불순물이 섞여 있었다.[21] 성분 중에서 염화나트륨(소금)은 용해도가 더 높아서 물에 녹아 빠져나갈 수 있었고 그러면 짠맛이 없는 찌꺼기만 남고는 했다.[22] 마찬가지로 그리스도인도 짠맛을 잃으면 가치를 잃게 되어, 이 땅에 존재하는 이유, 받은 소명대로 살 수 없게 된다. 그저 자기 집에서 혹은 교회에서 소금이 되는 것만으로는 충분하지 않다. 우리는 소금 통에서 나와 세상의 소금이 되어야 한다![23] 이 점을 제대로 이해하고 있는가? 감동을 주는 예배, 도전을 주는 설교, 현란한 어린이 프로그램, 막강한 예산도 우리가 이 세상에서 소금이 되는 데 도움이 되지 않는다면 쓸모가 없다. 세상에서 물러나거나 세상을 피하는 것은 선택지가 아니다. 본회퍼는 이 말의 의미를 엄숙하게 강조한다.

모든 음식은 소금으로 맛을 내게 되어 있는데, 소금이 한 번 맛을 잃으면 다시는 소금 맛을 낼 수 없다. 맛이 없는 음식이라도 소금으로 맛을 살릴 수 있지만, 맛을 잃은 소금은 회복될 수 없다. … 그것은 이 세상을 구해야 하는 사명을 지닌 예수님의 제자 공동체에 드리워진 심판으로, 만일 사명을 따라 살기를 멈추면 파멸할 수밖에 없다. 예수 그리스도의 부르심은 세상의 소금 됨 아니면 전멸이라는 뜻이다. 다시 말해, 그 부르심에 순종하거나 그 아래에 깔려 부서진다.[24]

비록 세상이 위험하고 타락한 곳이라 해도 우리는 세상에서 도망치지 않는다. 오히려 우리는 선함과 진리의 대리인이 되어 **세상 속으로 달려 나가도록** 부름받았다! 한스 디터 베츠(Hans Dieter Betz)는 "[산상수훈에 묘사된] 모든 상황은 제자들을 난관과 어려움, 힘든 결정 한가운데로 몰아넣는다"라고 말한다.[25]

우리 삶은 세상 속 더 큰 공동체의 보전에 중요하다. 이것은 우리가 영향권 안에 있는 목소리 없는 사람들의 목소리가 되고, 억압받는 자들의 보호자가 되고, 진리의 대변인이 되고, 상처를 아물게 하는 자가 되고, 인간 존엄성을 지지하는 자가 되고, 하나님께로 나아가는 길을 알려 주는 그리스도의 대사가 된다는 의미다. 그러나 이러한 역할은 말만으로는 감당할 수 없다. 사도 요한은 "자녀들이여, 우리가 말과 혀로만 사랑하지 말고 행동과 진실함으로 사랑합시다"라고 말했다(요일 3:18). 초기 그리스도인들은 극심한 전염병이 창궐했을 때 죽어 가는 병자들을 엄청난 위험을 감수하면서까지 돌보았고 낙태와 영아 살해 같은 사회악에 대항하여 소금의 역할을 실천했다.[26] 고대 세계에서 이런 자기희생적 사랑은 사실상 전례 없는 일이었다.

오늘날 교회는 중독 치료와 해외 난민 정착 및 사회 적응 지원, 인신매매 근절, 장애인 돌봄, 교육과 경제적 기회 제공, 필수 교육과 직업 훈련 제공, 소외된 사람들을 위한 의료와 법률 상담, 공적 영역에서 목소리를 내는 일 등 다양한 방식으로 소금 같은 영향력을 의도적으로 끼칠 수 있다.

이 모든 것은 하나님의 성품을 드러낸다. "여호와는 공의의 하나님"이시다(사 30:18). "그분은 반석이시니 그분이 하시는 일은 완벽하고 그분의 모든 길은 올바르다. 잘못하시는 일이 없으신 신실하신 하나님은 의로우시고 정직하시다"(신 32:4). "그 거룩한 곳에 계시는 하나님은 고아들에게는 아버지이시며 과부들에게는 변호인이 되신다"(시 68:5). 선지자 이사야는 이스라엘의 거짓 영성과 위선을 고발한다.

내가 받고 싶은 금식은 이런 것들이 아니냐? 부당하게 묶인 사슬을 끌러 주고 멍에의 줄을 풀어 주는 것, 압제받는 사람을 자유롭게 놓아주고 모든 멍에를 부숴 버리는 것이 아니냐? 너희가 굶주린 사람에게 먹을 것을 나눠 주고 가난한 노숙자를 집에 맞아들이는 것이 아니냐? 헐벗은 사람을 보면 옷을 입혀 주고 네 혈육을 못 본 체하지 않는 것이 아니냐? 그렇게만 하면 네 빛이 새벽 동녘처럼 터져 나올 것이고 네 상처는 빨리 아물 것이다. 그리고 네 옳음을 밝혀 주실 분이 네 앞에 가시고 여호

와의 영광이 네 뒤에서 보살펴 주실 것이다.(사 58:6-8)

미가 선지자는 만일 우리가 하나님의 마음을 알지 못한다면, 우리의 모든 경건과 하나님께 드리는 제물이 아무 가치가 없다고 선포한다. "오 사람아, 무엇이 좋은지 이미 그분께서 네게 말씀하셨다. 여호와께서 네게 원하시는 것은 공의에 맞게 행동하고 긍휼을 사랑하며 겸손히 네 하나님과 함께 행하는 것이다"(미 6:8).[27] 교회는 반드시 하나님의 마음을 품어야 하며, 사랑의 행위를 거짓 경건으로 대체하여 자신을 기만해서는 안 된다. 잠언 31장 8-9절은 이렇게 권면한다. "너는 벙어리처럼 할 말을 못하는 사람을 위해 입을 열어 변호하여라. 입을 열어 공정하게 재판하고 가난하고 궁핍한 사람들의 편이 돼 주어라." 시편 기자도 82편 3-4절에서 "약자들과 고아들을 변호하고 가난한 사람들과 억압당하는 사람들의 권리와 이익을 보호하라. 약하고 궁핍한 사람들을 구해 주고 악인들의 손에서 건져 주라"라며 울부짖는다.

우리가 이렇게 세상을 살아간다면 가식과 자기 의와 우월감이 들어설 자리는 없어진다. 최선의 노력이 수포로 돌아갈 수도 있고, 때로는 박해를 당하는 상황도 있을 것이다. 작은 교회는 에너지와 자원이 매우 제한적일 수도 있다. 그러나 아무것도 할 수 없는 상황은 있을 수 없는데, 아무리 작더라도 할 수 있는 일은 늘 존재하기 때문이다. 겨자씨의 교훈을 기억하자! 그러한 사역은 교회가 의무적으로 수행해야 할 임무나 책임이 아니라, 예수 그리스도의 소금 같은 제자임을 드러내는 특징이며 우리 삶을 변화시킨 하나님 사랑의 열매다.

3) 너희는 세상의 빛이라

소금이 (부패와 같은) 부정적인 현상을 방지하는 느낌이라면, 빛은 긍정적인 느낌을 준다. 빛은 여러 기능을 한다. 본문은 이 기능을 명확하게 보여 주는데, 곧 **빛은 주변을 밝히고 명확하게 드러내 보이며 길을 보여 준다.** 빛은 성경에서 중요한 개념으로 등장한다. 하나님이 세상을 창조하실 때 하셨던 말씀을 생각해 보자. "하나님께서 말씀하시기를 '빛이 있으라' 하시니 빛이 생겼습니다. 하나님께서 보시기에 그 빛이 좋았습니다"(창 1:3-4). 반면에 어둠은 하나님의 심판과 관련이 있다(출 10:22-33). 어리석은 자는 어둠에 다닌다(전 2:14; 요 12:35). "그러나 자기 형제를 미워하는 사람은 어둠 가운데 있고 어둠 가운데 행하며 자기가 어디로 가는지 알지 못합니다. 어둠이 그의 눈을 가렸기 때문입니다"(요일 2:11). 빛은 어둠과 반대로 하나님의 진리 및 인도하심과 관련이 있다. "주의 말씀은 내 발의 등불이요, 내 길의 빛입니다"(시 119:105). 이 세상에는 어둠을 환히 비출 빛이 절실히 필요하다.

'세상의 빛'은 이 세상 모든 민족을 위한, 역사 속에서 이루어진 하나님의 구원 계획을 표현한다. 이스라엘은 이방인들(혹은 이 세상 모든 나라)의 빛이 되도록 하나님의 부르심을 받았는데, 이 부르심은 궁극적으로 메시아를 통해 성취되었다.

나 여호와가 정의를 이루려고 너를 불렀다
내가 네 손을 잡고 지켜 줄 것이니
너는 백성의 언약이 되고 이방의 빛이 되며
눈먼 사람들의 눈을 뜨게 하고
갇힌 사람들을 감옥에서 나오게 하고
어둠 속에 앉은 사람들을 지하 감옥에서 풀어 줄 것이다.

(사 42:6-7)

내가 너를 또한 뭇 나라의 빛으로 삼아서
땅끝까지 내 구원이 이르게 하겠다.(사 49:6)

아기 예수의 정결 의식 때 시므온은 성전에서 예수를 보고 이렇게 선포한다. "제 두 눈으로 주의 구원을 보았습니다. 이 구원은 주께서 모든 백성 앞에 마련하신 것으로 이방 사람에게는 계시의 빛이요, 주의 백성 이스라엘에게는 영광입니다"(눅 2:30-32). 요한복음은 예수님에 대해 "그분 안에는 생명이 있었습니다. 그 생명은 사람들의 빛이었습니다"라고 기록한다(요 1:4). 예수님은 "나는 세상의 빛이다. 누구든지 나를 따르는 사람은 어둠 속에 다니지 않고 생명의 빛을 얻을 것이다"라고 하신다(요 8:12; 참조. 9:5; 12:46). 예수님은 세상의 빛이 되실 뿐 아니라 예수님과 동행하는 우리에게 빛과 생명을 주신다. 마태복음은 이사야 9장 2절의 세상 마지막에 관한 예언이 예수님의 사역을 통해 어떻게 이루어지는지 매우 흥미롭게 제시한다. "어둠 가운데 살고 있는 백성이 큰 빛을 보았고 죽음의 그림자가 드리운 땅에 앉아 있는 사람들에게 빛이 비쳤다"(마 4:16).

그리고 예수님은 마태복음의 산상수훈에서 "너희는 세상의 소금이라"라는 놀라운 선언을 하신다. 제자들은 예수님을 통해 마태복음 4장 16절에 예언된 세상의 마지막 때에 이루어질 일에 동참하게 된다.[28] 예수님의 빛이 우리의 빛이 되고, 우리는 예수님을 대신하여 이 세상의 빛이 된다. 이러한 맥락에서 바울과 바나바는 이사야 49장 6절을 인용해서 그들의 사역을 설명할 수 있었다. "이것이 바로 주께서 **우리에게** 하신 명령이기 때문입니다. '내가 너를 이방 사람들의 빛으로 삼았으니 이는 네가 땅끝까지 구원을 이루게 하려는 것이다'"(행 13:47). 바울은 에베소 성도에게 **"여러분이** 전에는 어둠이었지만 이제는 주 안에서 빛입니다. 빛의 자녀들답게 사십시오"라고 권면한다(엡 5:8). 예수님이 우리에게 빛을 비추어 주실 때 우리는 다른 사람들의 빛이 된다. 이것이 우리가 세상의 빛으로서, 복음의 빛으로서 땅끝까지 구원을 이루시는 예수님의 사역을 감당하는 방법이다.

소금은 짠맛을 잃어버리면 쓸모가 없어지고, 빛은 감추어지면 아무런 쓸모가 없다. 예수님은 "산 위에 세워진 도시는 숨겨질 수 없다. 등잔을 켜서 그릇으로 덮어 두지 않고 등잔대 위에 두어 그 빛을 집 안에 있는 모든 사람들에게 비추는 것이다"라고 말씀하신다(마 5:14-15). 당시 도시 건물들은 주로 백색 석회암으로 지어졌고[29] 햇빛을 받으면 외벽이 밝게 빛나고는 했다. 밤이 되면 집안 불빛을 멀리서부터 볼 수 있었다. 언덕 위에 놓인 도시는 특히 그러했다. 그래서 여행자들은 밤중에도 길을 찾을 수 있었다. 등불을 밝힌 사람이 그 빛을 감출 이유가 무엇이겠는가? 등불을 밝히는 목적은 빛을 만들기 위함이다.

1세기에는 기름을 사용해서 램프나 횃불을 밝혔기 때문에, 불을 그릇으로 덮어 두면 산소가 소모되어 불꽃이 곧 꺼져 버렸을 것이다. 빛을 숨기거나 혼자서만 보려고 하면 빛이 쉽게 꺼질 위험성이 커진다. 이처럼 그리스도인이 자신의 빛을 숨기는 것은 어리석고 심지어는 위험하다. 이것은 자신을 드러내고 과시하는 것과 무관하다. 빛의 당연한 역할은 환하게 밝히는 것이다. 예수님의 빛은 우리를 통해 반드시 드러나야 한다.

예수님은 "너희도 너희 빛을 사람들에게 비추라. 그래서 그들이 너희 선한 행실을 보고 하늘에 계신 우리 아버지께 영광을 돌리게 하라"라고 말씀하셨다(마 5:16). 소금이 악에 맞서는 그리스도인의 영향력을 상징한다면, 빛은 선을 이 세상에 더욱 드러내는 그리스도인의 영향력을 강조한다. 존 스토트는 이렇게 언급한다. "'선한 일'이란, 그리스도인이 말하고 행하는 모든 것, 곧 그리스도인의 믿음이 외적으로나 가시적으로 드러나는 모습을 아우르는 표현으로 보인다. 빛은 성경에서 일반적으로 진리를 상징하기 때문에 그리스도인이 빛을 비추는 모습에는 복음을 전하는 일도 포함되어야 한다. … 복음 전도는 우리의 빛을 비추고 하나님이 영광받으시는 '선한 일'로 여겨져야 한다."[30] 선한 일을 본 사람들이 그 일을 행한 사람이 아니라 하나님께 영광을 돌리게 된다는 사실은, 하나님만이 선함의 궁극적인 근원이라는 고백이 된다. 따라서 빛이란 말과 행동, 진리와 사랑, 소망과 도움이 조화를 이루는 우리 전체 삶의 영향력이라고 말할 수 있다.

존 W. 올리(John W. Olley)는 더 나아가 이렇게 말한다. "어찌 보면 당연해 보이지만, 빛의 이미지는 연합이라는 점을 주목해야 한다. 한 도시가 비슷한 목적을 지닌 사람들의 연합체인 것처럼 제자들도 서로 연합하여 '빛'의 역할을 감당한다. 팔복에 제시된 모든 태도와 이후 언급되는 모든 행동이 오로지 관계 안에서만 표출될 수 있다는 사실은 빛이 지닌 공동체적 측면을 강조한다."[31] 그리스도의 몸 된 성도들이 사랑과 용서, 화합과 희생적 섬김으로 공동체 안에 거할 때, 그 빛은 더욱 밝고 환하게 드러난다.

팀 체스터(Tim Chester)는 말한다. "이것은 단순히 사람들을 모임에 초대하는 것과는 다르다. 만일 교회를 그저 행사를 주관하는 곳으로 생각한다면, 빛의 공동체가 된다는 것은 사람들을 행사에 불러 모으는 것에 지나지 않는다. 우리의 부르심은 '빛의 모임'이나 '빛의 행사'를 만드는 것이 아니다. 우리가 바로 빛이다. 우리는 빛의 공동체에 속하라는 부르심을 받았다. 빛의 공동체가 된다는 것은 모든 이를 받아들이는 복음을 함께 드러내며 살아가는 것이다."[32]

교회를 개척했던 나는 처음 온 사람들에게 어떻게 복음에 관심을 가지게 되었는지 질문하고는 했다. 이렇게 대답하는 사람들이 있었다. "저는 그리스도인들이 서로를 사랑과 기쁨으로 대하는 것을 보았고 그 안에 무언가 아름답고 초자연적인 일이 있음을 부인할 수 없었어요. 그것이 무엇인지 알아내고 싶었습니다."[33]

예수님은 우리가 빛을 비추면 그 결과 사람들이 하나님께 영광을 돌릴 것이라고 결론 지으신다. 이 일이 가능하려면 이 빛을 보는 사람들이 우리 자신이 아니라 하나님에게서 빛이 왔음을 깨달을 수 있어야 한다. 우리는 연약하고 불완전한 그릇이자 녹슨 등잔에 불과한 존재들이다. 그러나 등잔이 녹슬었든 그렇지 않든 찬란한 빛을 만들어 내는 것은 불꽃이다. 우리는 등잔 자체보다 불꽃에, 곧 하나님의 영광의 불꽃에 주목해야 한다. 그 빛이 세상 모든 나라를 비출 때 이사야가 예언한 이 세상 마지막 때의 비전이 성취될 것이다.

　　일어나서 빛을 비추어라. 네 빛이 밝아지기 시작했다.
　　　　여호와의 영광이 네 위에 떠올랐다.
　　이제 보아라. 어둠이 땅을 덮고
　　　　먹구름이 뭇 백성 위에 있지만
　　여호와께서 네 위에 떠오르시고
　　　　그분의 영광이 네 위에 나타나고 있다.
　　나라들이 네 빛을 보고 나오고
　　　　왕들이 네 떠오르는 광채를 보고 나오고 있다.(사 60:1-3)

　　이렇게 다시 하나님의 영광이라는 원점으로 되돌아왔다. 1장에서 살펴본 것처럼 우리가 변화되면 은혜와 진리로 충만해져서(요 1:14) 그 아들의 영광을 드러내고, 우리 삶을 통해 다른 이들이 하나님께 영광을 돌리게 된다.

*　*　*

　　진정 변혁적 교회, 곧 하나님 나라의 징조이자 도구이며 그 나라를 미리 맛보게 하는 교회는, 그리스도의 사랑과 복음의 진리로 이 세상의 육체적, 사회적, 심리적, 영적인 필요에 적극 동참하는 교회다. 하나님 나라를 위해 헌신하며 나아갈 때에 그 시작이 미약해 보일 수 있고, 노력한 만큼 이렇다 할 만한 성과를 내지 못할 수도 있지만 그럼에도 실망하지 말아야 한다. 그리스도께서는 신비롭고도 때로 우리가 상상도 못한 방법으로 일하신다. 우리는 하나님 나라가 이미 시작되었지만 아직 완전히 임하지 않았다는 긴장 가운데 살아가고 있음을 기억하고 하나님 나라의 목적이 궁극적으로는 성취된다는 사실을 확신해야 한다.

하나님은 그 목적을 이루시기 위해 이 시대에 특별히 그분의 백성, 곧 교회를 택하셨다. 하나님은 세상을 버리지 않으시고 우리를 세상 가운데로 보내신다. 세상과 구별된 공동체인 우리는 세상과 단절되지 않고 오히려 빛과 소금이 되어 세상과 관계 맺으며 살아간다. 교회 밖에서 세상을 변화시키는 영향력을 가지려면 먼저 우리의 내면이 변화되어야 한다. 이 선교의 여정에서 우리를 반대하는 사람들을 기쁜 마음으로 받아들이고, 더 나아가 핍박을 축복으로 여기며 원수마저도 축복할 수 있는 마음을 가져야 한다. 그들의 핍박은 결코 우리를 막아설 수 없다. 세상이 어두워질수록 빛은 더욱 드러난다. 변혁적 교회는 복음의 진리와 긍휼과 정의를 하나로 통합할 것이다.

지금까지 그리스도인들이 공공 정책, 거시경제 발전, 체계적인 사회 변화에 어떻게 관여해야 하는지 등 복잡한 문제를 다루지는 않았다. 그러나 분명한 사실은, 사회와 사회의 필요에서 물러나는 것은 우리의 선택지가 아니라는 점이다. 하나님은 세상에 절실히 필요한 것을 이미 우리에게 주셨으며, 하나님의 자녀는 반드시 그분의 구속적 사랑의 메시지를 전하는 사람으로, 그분의 궁휼과 의를 드러내는 도구로 살아야 마땅하다. 우리는 바로 그러한 존재다.

영향력이 구체적으로 어떤 형태를 가지든지 간에, 데이비드 보쉬의 표현대로 "담대한 겸손"(bold humility)의 영으로 감당해야 한다. 담대해야 할 이유는 하나님의 목적을 확신하기 때문이고, 겸손해야 할 이유는 세상이 생명의 떡을 찾도록 돕는 사람이자 우리 또한 그 떡이 절실하게 필요하기 때문이다.

종종 우리의 깨어진 모습을 기회로 다른 이들을 회복시키는 가장 좋은 길이 열리고는 한다. 우리는 하나님의 은혜로 세상의 빛과 소금이 되고, 사람들은 우리의 선한 행실을 보고 하늘에 계신 아버지께 영광을 돌릴 것이다. 바로 이것이 우리가 진정 변혁적인 존재라는 증거다. 우리가 이 세상 모든 민족 가운데 변혁적 교회들을 확장하려는 궁극적인 이유이기도 하다.

5.

경계를 지우고
포용하는
교회

편견과 두려움을 이기고 누구든 복음으로 품다

　　우리가 살고 있는 세상은 놀라울 정도로 다양한 언어와 관습, 전통, 예술 양식, 믿음 그리고 가치를 향유하는 사람들이 공존하는 곳이다. 이러한 다양성은 인류의 창의성과 표현 방식 사이의 아름다운 연합을 보여 주지만, 다른 한편으로는 드러나지 않는 갈등과 편견, 고통의 원인이 되기도 한다. 우리는 현대 사회의 세계화와 이민으로 과거 어느 때보다도 다양한 사람들을 만난다. 이는 다양한 사람들이 조화를 이루고 상호 존중하는 삶을 살아가는 데 도전과 기회를 심화시킨다. 예수 그리스도의 구원 역사로 인해 서로의 다양성을 받아들이고 치유하고 연합하는, 이전에 보이지 않던 가능성이 열렸다. 구약 성경에도 이에 대한 예언이 있지만, 사도 바울은 이제 복음의 신비가 밝혀졌다고 말한다. 이는 하나님이 이방인[1] 모두를 그분의 새로운 나라의 온전한 백성으로 동등하게 받아들이셨다는 의미다(엡 3:1-6; 골 1:24-27).

　　이것은 하나님의 성품을 반영하기도 한다. 하나님이 아브라함과 이스라엘, 교회를 선택하신 목적은 열방을 배제하기 위함이 아니라 열방을 축복하시기 위함이다(창 12:3; 17:16; 18:18; 22:18; 갈 3:8). 히스기야가 기도하면서 선포했듯 하나님은 이 세상 모든 사람과 모든 곳을 다스리시는 이 세상의 하나님이다. "그룹들 사이에 계신 이스라엘의 하나님 여호와여, 오직 주만이 세상 모든 나라의 하나님이십니다. 주께서 하늘과 땅을 지으셨습니다"(왕하

19:15). 이것이 바로 하나님 한 분만이 모든 민족의 경배를 받기에 합당하신 이유이고, 우상 숭배가 성경에서 질책받는 이유다.

구약 선지자들은 온 민족이 살아 계신 하나님을 기쁨으로 경배할 날을 고대했다.[2] 선지자 말라기는, "'해 뜨는 데서부터 해 지는 데까지 내 이름이 이방 민족들 가운데서 높임을 받을 것이다. 곳곳마다 내 이름을 위해 분향하며 정결한 제물이 바쳐질 것이다. 이는 내 이름이 이방 민족들 가운데서 높임을 받게 될 것이기 때문이다.' 만군의 여호와께서 말씀하셨다"라고 선포했다 (1:11). 시편 기자는 "오 주여, 주께서 만드신 모든 민족들이 주 앞에 와서 경배하고 주의 이름에 영광을 돌릴 것입니다"라고 선포했는데(86:9), 순교자들은 하나님의 뜻이 이루어짐을 보며 이 거룩한 노래를 훗날 천국에서 예배하며 부르게 될 것이다(계 15:4). 이는 우리의 선교 선언문인 "**모든 사람들 가운데** 변혁적 교회를 확장함으로써 하나님께 영광을 돌릴 것"에서 "모든 사람 가운데"가 부가적 표현이 아니라 선교의 핵심이라는 것을 의미한다.

이번 장에서는 교회의 선교 선언문에 명시된 "모든 사람들"의 두 측면을 알아볼 것이다. 우선, 우리는 복음을 모든 사람에게 전하기 위해 나아가야 한다. 지구상에 있는 모든 사람에게 그리스도를 영접하고 지역 신앙 공동체의 일원이 될 기회를 주어야 한다. 이는 문화적, 종교적, 언어적, 지리적 경계를 넘어서 복음을 전할 그리스도인을 보내어 전도하고, 세례를 주고, 제자 훈련을 시키고, 변혁적 교회를 세우는 것을 의미한다. 둘째로, 각 지역 교회는 모든 사람을 환영하고 포용해야 한다. 하나님의 은혜가 인종과 민족, 경제적 상황과 교육 수준, 사회적 위치와 상관없이 모든 사람에게 동등하게 주어진 것처럼, 그리스도의 몸 된 교회는 이 다양성을 드러낼 수 있어야 한다. 하나님은 차별하시는 분이 아니므로(행 10:34; 롬 2:11; 갈 2:6; 엡 6:9), 하나님의 백성에게 차별과 편견, 불공정과 분리가 있어서는 안 된다.

야고보서는 우리에게 "내 형제들이여, 영광의 우리 주 예수 그리스도를 믿는 믿음을 겉모습으로 판단하지 마십시오. … 그러나 만일 여러분이 겉모습으로 사람을 판단한다면 죄를 짓는 것이며 율법이 여러분을 범죄자로 판정할 것입니다"라고 말한다(2:1, 9). 이런 용납과 연합의 기초는 우리의 선한 마음이나 사회적 논의가 아니라 우리 모두가 공통적으로 예수 그리스도에게 연결되었다는 점에 있다. "유대 사람도 없고 그리스 사람도 없고 종도 없고 자유인도 없고 남자도 없고 여자도 없습니다. 여러분 모두는 그리스도 예수 안에서 하나이기 때문입니다"(갈 3:28).

하나님의 사랑과 은혜가 모든 사람에게 전해져서, 다양한 사람들이 환영받으며 과거에 이방인 취급을 받았거나 기독교에 적대적이었던 사람들까지 한데 어우러지는 사랑의 공동체가 세워질 때, 비로소 그 공동체는 세상 모든 사람을 향한 하나님의 사랑과 삶을 변화시키는 하나님의 능력을 드러내는 강력한 증거가 된다. 하지만 교회는 신약 성경이 제시한 이 소망에 부응하지 못하는 모습을 여러 번 보여 왔다. 눈여겨볼 만한 진전도 있지만, 아직도 수많은 민족과 주변 문화권, 공동체 안에 변혁적 교회들이 세워지지 못했다. 우리는 회개해야 한다. 교회 내에 드리워진 분열과 인종차별, 민족 분쟁의 길고 어두운 역사가 연합을 이루시는 하나님의 능력에 대한 눈부신 증거마저 가려 버렸기 때문이다. 일주일 가운데 인종 차별이 가장 극심한 시각은 주일 아침이라고 말했던 마틴 루터 킹 목사의 선언문은 여전히 미국을 비롯한 여러 나라에서 부인할 수 없는 현실이다.[3]

이번 장에서는 모든 백성을 찾아가는 선교와 모든 백성을 포용하는 선교인 "모든 사람" 선교의 두 측면을 다룰 것이다. 전자는 복음이 변화시킨다는 메시지를 모든 사람에게 전하는 것이며, 후자는 복음의 변화시키는 능력을 모든 사람과의 관계 속에서 실현해 내는 것이다. 마지막으로, 하나님의 은혜로 그분의 계획의 주변부에서 중심부로 들어온 어느 남자에 관한 특별한 성경 이야기를 살펴볼 것이다.

모든 사람을 찾아가는 선교

앞서 말한 것처럼 모든 나라를 향한 하나님의 관심과 세상 모든 사람을 위한 그분의 계획은 신약에만 있는 것이 아니다. 그러나 하나님이 십자가에서 예수님의 구원 역사를 완성하시고 오순절에 성령을 보내시자 모든 사람을 위한 그분의 계획은 완전히 새로운 방식으로 성취되기 시작했다. 모든 민족을 제자 삼으라는, 이른바 위대한 사명 곧 대위임령(마 28:19-20)은 구약에 이미 계시되었고, 새로운 구원 시대를 여는 예수님의 사역에서도 이미 예상되었다.[4] 예수님의 부활 이후에도 제자들은 여전히 이 땅에 세워질 나라를 고대하고 있었다(행 1:6). 그러나 예수님은 그 나라를 기다리던 제자들의 관심을 선교로 되돌리셨다. "그러나 성령께서 너희에게 오시면 너희가 권능을 받고 예루살렘과 온 유대와 사마리아와 땅끝까지 이르러 내 증인이 될 것이다"(행 1:8). 이는 지리적 경계뿐 아니라 문화적, 민족적, 종교적 장벽도 넘어서는 선교를 말씀하신 것이다. 도시와 촌락, 이스라엘 유대인과 혈통적으로나 종교적으로 혼합주의적인 사마리아인들,[5] 이방인까지 아우르는 선교다.

"땅끝까지"라는 구체적인 표현은 시편에 여러 번 등장한다. 하나님은 "땅끝까지" 다스리실 뿐 아니라(72:8) 하나님께 올려드리는 찬양은 "땅끝까지" 이르며(48:10) 하나님은 땅끝의 소망이 되신다(65:5). 땅끝에 있는 사람들이 하나님의 구원을 보고(98:3) 하나님께 돌아와 경배할 것이다(22:27). 이 구절은 이사야 선지자도 수차례 사용했다. 하나님은 "내게 돌아와서 구원을 받으라, 너희

땅끝에 있는 모든 사람들아. 내가 하나님이니 나밖에는 아무도 없다"(사 45:22) 하시며 "내가 너를 또한 뭇 나라의 빛으로 삼아서 땅끝까지 내 구원이 이르게 하겠다"(49:6)라고 말씀하신다.[6] 4장에서 우리는 오실 메시아인 예수님뿐 아니라 예언의 성취를 위해 그분의 종이 되어 사역을 이어 간 제자들을 통해서도 이 말씀이 이루어지는 것을 보았다(행 13:47).

오늘날 교회가 부르심에 대한 이해가 더디고 요구되는 희생을 꺼린다는 점에 지나치게 놀랄 필요가 없다. 오순절에 성령을 받은 사도들과 초대교회 제자들도 곧바로 땅끝을 향해 달려가지는 않았다. 그들은 성령님이 놀랍고 예상치 못한 방식으로 제자들을 이끌어 가시는 것을 보며 비로소 새 시대의 의미를 조금씩 이해하기 시작했다. 사도행전은 예루살렘에서 박해가 일어나고 나서야 제자들이 비로소 흩어져 그들이 가는 곳마다 복음이 전해지기 시작했음을 보여 준다(8:1-5).

그 후 사마리아인들이 복음을 받아들이면서 처음으로 중요한 장벽 하나가 허물어졌다. 이 상황을 알아보기 위해 파송된 베드로와 요한은 그곳에서 사마리아 사람들이 성령을 받도록 기도했다(행 8:14-17). 아프리카에 복음을 전한 것은 에티오피아 내시였다(행 8:26-40). 베드로는 하나님께서 보여 주시는 환상을 세 번이나 보고서야 이방인의 집에 들어가기로 결심할 수 있었고(행 10장), 로마인 백부장 고넬료가 회심한 것은 그야말로 경이로운 사건이었다.[7] 베드로는 이 일 후에야 비로소 하나님이 진정 사람을 차별하지 않으신다는 것을 깨달았다(행 10:34). 예루살렘 교회의 일부는 베드로의 행동을 책망했다(행 11:1-3). 이방인 지역에 흩어져 있던 예루살렘의 기독교인들도 유대인들에게만 복음을 전했다(행 11:19).

그러한 패턴을 처음으로 깬 것은 이방인에게 말씀을 전하고 안디옥에 최초의 이방인 교회를 세웠던 키프로스와 구레네 출신 그리스도인들이었다(행 11:20-22). 당시 안디옥은 도덕적으로 타락한 도시라는 평판을 듣던 곳으로, 우상 숭배를 비롯하여 음란한 종교 행위의 근원이었다.[8] 이 소식은 예루살렘까지 전해졌는데, 바나바는 상황을 파악하는 동시에 그곳 사람들을 훈계할 목적으로 안디옥에 보내졌던 것으로 추정된다(행 11:22-26). 흥미로운 것은, 이방인을 위해 선교사를 파송한 교회가 예루살렘 교회가 아니라 안디옥 교회라는 점이다(행 13:1-3).

오순절 이후 17년이 지난 시점에서도 교회는 할례 및 모세 율법 준수와 상관없이 이방인을 그리스도의 진정한 성도로 받아들일지를 두고 논쟁을 벌였다. 결국 공의회에서 결론이 나기는 했지만(행 15장) 논쟁은 지속되었다. 예수님의 첫 번째 제자들도 모든 민족을 향한 예수님의 사역을 이해하고 교회 안에서 모든 백성을 동등하게 받아들이기까지 시간이 걸렸다. 오늘날 교회도 여전히 동일한 문제로 고민하고 있다.

사도행전에 그리스도를 믿은 다양한 사람들이 등장한다는 점을 주목해야 한다. 벤저민 R. 윌슨(Benjamin R. Wilson)은 이렇게 말한다. "사도행전은 회당장 그리스보에서 아레오바고 관원 디오누시오에 이르기까지 다양한 사람들의 회심을 기록한다. … 특히 이 회심 이야기들은 그리스도인이 행하는 선교의 지리적 및 사회 종교적 확장을 강조한다."⁹ 회심자 명단에는 마술사(시몬, 8:9-13), 아프리카인 환관(8:26-40), 바리새인(사울/바울, 9:1-19), 로마 백부장(고넬료, 10장), 정치인(서기오 바울, 13:4-12), 부유한 여자 사업가(리디아, 16:13-15), 죄수(16:25-34), 명망 있는 아테네 시민(디오누시오와 다마리, 17:34), 회당장(그리스보, 18:8)이 있다.

이 모든 점은 인간의 연약함에도 불구하고 성령님이 하나님의 선교를 진전시키며 예수님의 말씀을 성취하신다는 진리를 드러낸다. "그리고 이 하늘나라 복음이 온 세상에 전파돼 모든 민족들에게 증거될 것이다. 그때서야 끝이 올 것이다"(마 24:14). 잠시 요한계시록으로 넘어가면, 여러 민족을 직접 구원하시는 하나님의 구원 계획이 정점에 이르렀음을 볼 수 있다. 하늘의 모든 피조물이 새 노래를 부른다.

주는 그 책을 취해

인들을 떼기에 합당하십니다.

이는 주께서 죽임을 당하심으로

주의 피로 모든 족속과 언어와 백성과 나라들로부터

사람들을 하나님께로 구속해 드리셨고

그들로 우리 하나님께 나라와 제사장들이 되게 하셨으므로

그들이 땅 위에서 왕 노릇 하게 될 것입니다.

(계 5:9-10; 참조, 7:9-10)

이 노래는 국적, 인종, 언어, 종족, 가문을 비롯하여 사람을 분류하는 여러 체계를 나열하는데, 이 모든 유형의 사람들이 구원받는다는 것이다. 존 파이퍼는 "이 세상의 온갖 곳에서 찬양받기 합당하시고, 참으로 심오하게 아름다우시며, 참으로 존귀하시고, 참으로 깊은 만족을 주시는 하나님은 이 세상의 다양한 모든 사람들 가운데서 열정적으로 하나님을 예배하는 사람들을 보게 되실 것이다"라고 설명한다.[10] 하나님은 인류 중에서 오직 선택받은 소수의 예배와 경배만 받으시는 분이 아니다. 어떤 삶을 살아왔든 어떤 배경을 가졌든, 예배의 가치를 알고 예수님을 왕이자 구원자로 인정하며 기쁨으로 하나님 나라에 들어가는 사람들이 있을 것이다. 그리스도 안에 있는 하나님의 사랑은 참으로 완전하고 포용하며 매력이 있다.

모든 백성을 위한 하나님의 선교가 성취되리라는 점은 의심의 여지가 없다. 요한계시록은 다가오는 우리의 현실을 보여 준다. 하나님이 그 일을 이루신다. 하나님의 선교는 중도에 수정되

거나 타협되거나 멈추지 않는다. 정해진 선로를 달리는 기차와 같이, 오른쪽으로도 왼쪽으로도 노선을 틀지 않고 목적지에 도달할 것이다. 인간의 연약함도 그 길을 막을 수 없고, 사탄도 그 길에서 벗어나게 할 수 없다. 그 일이 가능하도록 성령님이 능력을 주시고, 하나님 말씀은 그 일에 확신을 준다.

그렇다면 우리가 자신에게 물어야 하는 중요한 질문은, 이 일이 이루어지는 과정에 참여할 것인지, 아니면 다른 이들을 통해 이루어지는 그 일을 지켜만 볼 것인지 하는 것이다. 마지막을 향해 가는 구원 역사를 보노라면 교회가 무엇에 힘을 쏟아야 하는지 분명하다. 우리는 이 이야기의 마지막을 알고 있다. 우리에게는 모든 사람에게 복음을 전하고 그들 가운데 변혁적 교회를 세우기 위해 노력을 아끼지 않고 이 이야기를 완성하는 일에 동참할 특권이 있다.

하나님 선교의 본질은 변하지 않지만 최근 기독교의 세계적 흐름은 새로운 도전과 기회를 준다. 모든 사람 가운데 새로운 교회가 개척되고 변혁적 교회가 확장되는 위대한 진보가 있었으나 해야 할 일이 여전히 많이 남았다. 더 이상 선교사를 파송할 필요가 없다거나 다른 이들이 대위임령을 수행할 수 있도록 재정 지원을 하는 것만으로 충분하다는 인식이 만연해졌는데 이는 선교 전략으로나 신학적으로나 심각한 잘못이다. 최근 자료에 따르면, 오늘날 세계 인구 다섯 명 중 두 명은 여전히 그들의 언어와 문화로 복음을 전하는 교회가 없는 지역에 살고 있다.[11] 어떤 지역에는 첫 번째 교회를 세울 선교사가 필요하다. 어떤 지역에 있는 교회는 변혁적이고 성숙한 교회로 자라나기 위해 도움을 받아야 한다. 외지고 상황이 어려운 지역에서 하나님의 선교를 감당하도록 성도를 파송해야 할 책임을 면제받은 교회는 없다.

모든 사람이라고 할 때는 우리의 이웃도 포함된다. 세계화와 이민으로 도시 대다수 중심지에는 복음을 거의 또는 전혀 접해 보지 못한 소수민족들이 많이 있다. 더구나 대다수 주류문화 내에는 상황화된 전도 방식을 사용해서 문화의 벽을 넘어 복음을 전해야 할 수없이 많은 하위문화가 있다.[12] 실제로 미국은 단일한 인종이나 문화가 지배하지 않는 국가로 급속도로 변해 가고 있다.[13] 그렇기에 모든 사람에게 복음을 전할 기회는 가까이 있기도 하고, 멀리 있기도 하다.

아프리카, 아시아, 라틴 아메리카의 기독교 인구가 북미, 유럽, 호주 등지를 뛰어넘은 상황에서 선교를 위한 협력 가능성은 그 어느 때보다 커졌다. 아직도 선교를 "서양권에서 나머지 지역으로" 나아가는 것으로 생각하는 기독교인들이 많은데, 오늘날 선교의 현실은 "모든 곳에서 모든 곳으로 나아가는 것"이다. 서양의 기독교인들이 여전히 물질적 자원과 신학적 자원을 더 많이 보유하고 있을지도 모르지만, 그럼에도 서양권 기독교인들이 비서양권 기독교인에게 배울 점은 참으로 많다. 우리는 함께 선교할 때 더욱 강해진다.

모든 사람을 포용하는 선교

우리는 모든 민족에게 복음이 전파되어야 한다고 믿는다. 그러나 우리가 속한 지역 교회 사람들의 다양성을 진정으로 받아들이는 것은 또 다른 이야기다. 우리는 모든 사람에게 복음을 전해야 한다는 사명을 초대 교회가 얼마나 어렵게 이해했는지 보았다. 그리스인 신자들이 자기네 과부들에게도 공평하게 음식을 분배해 달라고 히브리 신자들에게 불평했던 점에서 알 수 있듯이, 초대 교회에는 문화적 다양성에서 오는 갈등이 있었다(행 6:1-6). 흥미롭게도, 누가는 예루살렘 교회에 있었던 문화 간 내부 갈등이 해결되자마자 "예루살렘에 있는 제자들의 수도 많이 늘었"다고 기록한다(7절). 우리가 연합할 때 그리스도의 진정한 제자 됨이 드러난다. 예수님은 초대 교회 제자들뿐 아니라 우리를 위해서도 이렇게 기도하셨다.

내 기도는 이 사람들만을 위한 것이 아닙니다. 이 사람들이 전하는 말을 듣고 나를 믿는 사람들을 위해서도 기도합니다. 아버지여, 아버지께서 내 안에 계시고 내가 아버지 안에 있는 것

같이 그들도 모두 하나가 되게 하시고 그들도 우리 안에 있게
해 아버지께서 나를 보내셨다는 것을 세상이 믿게 하소서. 아
버지께서 내게 주신 영광을 내가 그들에게 주었습니다. 이것
은 우리가 하나인 것같이 그들도 하나가 되게 하려는 것입니
다. 내가 그들 안에 있고 아버지께서 내 안에 계신 것은 그들이
완전히 하나가 되게 하려는 것입니다. 그것은 또, 아버지께서
나를 보내신 것과 아버지께서 나를 사랑하신 것처럼 그들도
사랑하셨다는 것을 세상이 알게 하려는 것입니다.(요 17:20-23)

교회 안의 분열은 교회 자체와 우리 증언에 대한 신뢰성
을 무너뜨린다. 복음 전도에 관심이 있다면 반드시 연합에도 관
심을 가져야 한다. 그리스도의 몸 안에서의 연합은 연합하지 않
았다면 서로 논쟁하기 좋아했을 사람들에게나 필요한 바른 행
동 지침이 아니다. 이는 절대적으로 중요하다. 연합이란 뿌리 깊
은 적개심이나 긴장을 숨기는 겉치레가 아니다. 연합은 예수님
과 하늘 아버지 간의 연합, 즉 삼위일체의 연합만큼이나 중요한
의미가 있다. 이러한 연합은 그저 갈등 없는 상태가 아니라 서로
용납하고 서로 마음을 열고 서로 받아들이는 것이다. 의견이나
취향 차이 같은 피상적 분열을 넘어서는 것이며, 교육 수준과 나
이, 성별과 사회적 지위와 피부색 그리고 무엇이 되었든 사람들
사이에 뿌리 깊은 분열을 야기하는 모든 장벽을 부수는 것을 포

함한다.

초대 교회에서 눈여겨볼 특징은 그들이 고대 사회에 뿌리 깊이 존재하던 분열을 극복하고 그 사이에 다리를 놓았다는 것이다. 2장에서 본 것처럼 변혁적 교회는 지역과 국적, 인종을 넘어서는 새 창조의 공동체다. 어떤 문화도 다른 문화보다 우월하거나 열등하지 않다. 미로슬라브 볼프(Miroslav Volf)는 "그리스도인의 정체성의 핵심은, 이 세상에 존재하는 문화의 우상들로부터 모든 문화의 주인이 되시는 하나님으로 충성의 대상을 완전히 바꾸는 것이다. 하나님의 부르심에 대한 응답이란 이전부터 충성해 왔던 모든 것에 대한 충성도를 재정립하는 것이다"라고 설명한다.[14]

무엇이 우리가 지금까지 믿고 섬기던 것을 포기하게 만드는가? 무엇이 우리의 핵심 정체성을 재정립하게 만드는가? 억압하는 자와 악한 자까지도 용서하고, 원수를 형제와 자매라고 부를 수 있게 하는 것은 무엇인가? '타인'에 대한 두려움을 극복하고 특권이 따르는 지위를 포기하게 하는 것은 무엇인가? 이는 복음으로만 가능한 변화다! 교회는 성령의 능력으로 그러한 연합이 이루어지는 살아 있는 실험실이 되어야 한다.

갈라디아서 3장 27-28절은 이 근본 진리와 현실에 대해 말한다. "그리스도와 합해 세례를 받은 사람은 모두 그리스도로 옷 입었기 때문입니다. 유대 사람도 없고 그리스 사람도 없고 종도 없고 자유인도 없고 남자도 없고 여자도 없습니다. 여러분 모두는 그리스도 예수 안에서 하나이기 때문입니다.”[15] 골로새서 3장 10-11절에서 바울은 더욱 명확하게 설명한다. “새사람을 입으십시오. 이 새사람은 자기를 창조하신 분의 형상을 따라 끊임없이 새로워져서 참지식에 이르게 됩니다. 거기에는 그리스 사람이나 유대 사람이나, 할례를 받은 사람이나 할례를 받지 않은 사람이나, 야만인이나 스구디아 사람이나, 종이나 자유인이 따로 없습니다. 오직 그리스도는 모든 것이요 모든 것 안에 계십니다.”

유대인과 그리스인 간의 분열만큼 신약 시대에 극심한 분열은 없었다.[16] 이러한 분열은 서로 다른 종교적 신념과 전통뿐 아니라 상호 적대감과 노골적 증오심, 핍박으로 선명히 드러났다. 크리스토퍼 D. 스탠리(Chistopher D. Stanley)는 “[바울] 자신도 [그리스인들에게] 차별을 받았을 것이다. 그는 ‘유대인’과 ‘그리스인’을 기독교 가정 교회라는 새로운 사회 조직으로 통합할 때 발생할 수밖에 없는 필연적인 긴장감을 잘 알고 있었다”라고 설명한다.[17] 유대인과 비유대인 사이의 분열과 마찬가지로, 스스로를 교양 있다고 여긴 ‘그리스인’과 그 외의 모든 사람, 즉 야만인과 스키타이인(후자는 가장 문명화되지 않았거나 교양이 부족하다고 여겨졌음) 사이의 분열도 존재했다.[18] 교회 안의 연합에 대해 가장 강력하게 역설한 성경은 에베소서 2장일 텐데, 바울은 그리스도 십자가의 화해 능력에 대해 다음과 같이 말한다.

그리스도는 우리의 화평이시니 자기의 육체로 둘을 하나로
만드신 분이십니다. 그분은 중간에 막힌 담, 곧 원수된 것을
헐어 내셨고 조문으로 된 계명의 율법을 폐하셨습니다. 이
는 그리스도가 그분 안에서 이 둘로 한 새사람을 창조해 화
평을 이루게 하시고 십자가를 통해 이 둘을 한 몸으로 하나
님과 화목하게 하셔서 자기 안에서 원수된 것을 없애 버리
시기 위한 것입니다. 그리스도는 오셔서 먼 데 있는 여러분
에게 화평을 전하셨을 뿐 아니라 가까운 데 있는 사람들에
게도 화평을 전하셨습니다. 이것은 그리스도를 통해 우리 모
두 한 성령 안에서 아버지께 나아갈 수 있게 하기 위한 것입니
다.(엡 2:14-18)

이방인이 하나님의 백성이 되려면 유대인이 되어야 했다.
그러나 이제는 유대인이 되지 않아도, 유대인이 이방인이 되지
않아도 누구든 그리스도와 연합함으로 새사람이 창조된다. 우리
는 그리스도 안에서 하나님의 새로운 피조물이 되었고(고후 5:17)
하나님의 가족으로 입양되었다(엡 1:5). 이제 그리스도와의 관계
가 정체성 및 우리와 타인의 관계를 규정한다. 이는 우리가 다른
대상에게 품고 있던 충성심이나 자아 정체성을 지워 버리는 것

이 아니라 그 모든 것 위에 압도적인 영향을 미친다. 이는 모든 유형의 구분, 곧 (유대인과 이방인을 가르는) 인종적–종교적 구분, (노예와 자유인을 가르는) 사회경제적 구분, (남자와 여자를 구분하는) 성별 간 구분, (그리스인과 야만인을 나누는) 문화적 구분을 넘어서는 공통점이 된다. 한때 적대적이던 두 집단의 완전한 화해는 그들이 하나님과 화해하고 영적 가족의 일원이 될 때 가능하다.[19]

교회가 연합하는 모습을 보여 주고 지역 사회의 다양성을 반영해야 한다는 인식이 점차 높아지고는 있지만 진전은 더디다. 세상에 있는 교회들이 이 이상을 실현하기 어려운 까닭은 인간의 마음 깊이 자리 잡은 편견과 적개심 때문이다. 때로는 다양한 사람들을 진심으로 환영해야 할 필요성과 중요성에 주류 문화가 무관심하기 때문이다.[20]

"끼리끼리 모인다"라는 말처럼, 사람들은 비슷한 사람들과만 교제하고 싶어 한다. 더 편하고 대화도 잘 통하고 공통 관심사도 있고 삶의 방식에 대한 결정을 서로 지지해 줄 수 있기 때문이다. 종종 이런 태도를 볼 수 있다. "우리 교회는 모든 사람에게 열려 있어요. 사람들이 우리 교회에 오지 않거나 불편하다고 말해도 우리 잘못이 아니에요." 하지만 문화적으로 중립적인 교회란 없다. 의도한 것은 아닐지라도 행동, 언어, 방식, 도덕, 의사 결정 과정, 그 외 여러 요소들 때문에 누군가는 존중받지 못하고 진정 환영받지 못한다는 메시지를 받을 수 있다.

안타깝게도, 문제는 종종 더 깊은 곳에 있다. 사람들은 익숙한 방식을 바꿔야 한다는 것을 위협으로 여길 뿐 아니라, 다른 배경을 가진 사람들이 교회에 부정적 영향을 미칠까 두려워하기도 한다. 특히 다른 부류와의 결혼을 두려워한다. 누군가를 받아들이는 문제는 사회 계층과 민족, 인종 차원에만 국한되는 것이 아니라, 지체 장애인, 정서적 지원이 필요한 사람, 사회성이 부족한 사람, 중독과 성 정체성 혼란으로 어려움을 겪는 사람을 환영하는 일도 포함한다. 이런 생각은 타인을 동등한 존재로 여기지 않고 하나님의 은혜를 과소평가하고 있음을, 우리가 편견을 숨기고 있음을 드러낸다. 오랜 시간에 걸쳐 생긴 적개심과 고통은 쉽게 사라지지 않는다. 이것이 바로 인간이 가진 죄성의 증거이며, 그러한 죄악 된 행동과 태도는 그리스도를 따르기로 결정한다고 해서 바로 사라지지 않는다.

우리는 예수님이 가르치신 모든 것에 순종하는 제자를 양육하라는 부르심을 받았다(마 28:19-20). 특히 이 부르심은 교회의 연합이 위협받고 교회 안에 인종차별과 편견이 극명히 드러날 때 그 죄를 다스리는 것을 포함한다. 마음 깊은 곳에서 일어나는 변화만이 인간의 마음에 있는 이 독을 치유할 수 있다. 자신이 기독교인이라고 밝혔던 민족 집단 간에 발생한 르완다 집단 학살의 비극을 키스 페르디난도(Keith Ferdinando)는 이렇게 회고한다.

그러나 이 비극에 기여한 중요한 요인은 그들이 성경적 관점에서 민족 개념을 이해하지 못한 까닭에 그들의 문화적 가치에 깊이 자리 잡고 있던 자동반사적 행위와 태도에 도전하고 이를 변화시킬 기회를 얻지 못했다는 것이다. 이는 상황화의 실패 사례로, 시대와 상황에 맞는 제자 훈련에 실패한 사례이며, 해당 문화권 사람들에게 이 세상을 변화시키는 하나님의 영원한 말씀을 전하는 일에 실패한 사례였다. 올바른 행동은 올바른 믿음에서 나온다. 더 이상 세상에 순종하지 않으려면 마음이 새롭게 변화되어야 한다(롬 12:2). 이러한 변화가 없으면 그들의 세계관은 변화될 수 없고, 설령 반복해서 이야기하더라도 생각과 행동의 변화는 일어나지 않는다.[21]

위험은 그리 멀지 않은 곳에, 잘 보이지 않는 형태로 도사리고 있다. 온 땅의 모든 교회는 반드시 이 교훈을 배워 사랑과 연합 안에서 성장해야 한다. 이를 위해서는 용기와 기도, 인내가 필요하다.

서로 존중하고 환영하며 함께 하나 되어 연합하는 과정에는 언제나 모종의 긴장이 있을 것이다. 예배 분위기, 설교 방식, 권력 공유 영역에서 이러한 도전을 받게 될 것이다. 문화적 다양성을 이해하고 소통하는 복음 전도 방식을 통해서 특정 민족 집단이나 문화권에만 치중하는 불필요한 장애물을 제거해 나가야 할 수도 있다. 하지만 무엇보다도 그리스도 안에서의 새로운 정체성과 유대감을 통해 그리스도인의 연합이라는 더 큰 목표를 이루려 끊임없이 노력해야 한다. 외국어 사용자와 이민자, 정처 없이 떠도는 사람들의 특정한 문화적 필요를 반영하는 공동체와 회중이 교회에는 항상 있어야 한다. 기존 교회에서 환영받지 못하고 노골적으로 거부당하는 소수 집단을 위해 교회를 세운 경우도 있다.[22] 그러나 이러한 현실이 분열을 유지하는 핑계가 되면 안 된다. 동일한 문화를 공유하는 사람들이 한데 모일 타당한 이유가 있겠지만, 그럼에도 모든 교회는 그들의 문화 외부에 있는 그리스도인들과 연합할 방법을 찾아야 한다.[23]

정치 양극화, 민족 간 갈등, 인종 간 긴장, 외국인 혐오 증가, 경제적 불평등, 가족 와해로 이 세상은 그 어느 때보다도 진실한 사랑을, 모든 사람을 포용하여 연합을 이루는 교회를 필요로 한다. 그러한 모습이 능력과 설득력을 가질 때 세상 문화와 극명한 대조를 이룬다. 많은 이들이 세상의 갈등과 양극화의 수렁에서 빠져나올 길을 간절히 찾고 있으며, 다양한 문화권이 공존하는 교회들은 복음이 지닌 화해의 능력을 드러내는 강력한 증거다. 모든 지역의 인구가 문화적으로 다양하지는 않더라도, 모든 공동체에는 민족적, 인종적, 경제적, 교육적 또는 다른 형태의 다양성이 존재하기 마련이다. 따라서 어느 지역 교회든 공동체의 다양성을 어느 정도 반영해야 한다. 그렇지 못하다면, 그 이유가 무엇인지 스스로 질문해야 한다. 무엇이 이를 가로막는가? 우리가 보지 못하는 부분은 무엇인가? 우리가 논의하며 뛰어넘어야 할, 역사적 분열과 정의롭지 못한 행위와 적개심은 무엇인가? 이런 태도와 편견을 고백하며 용서를 구했는가? 연합을 이루어야 하는 우리의 상황에 대해 복음은 무엇이라고 말하는가?

성경적으로 진정한 연합은 단지 다양한 사람들이 모여 예배 드리는 것을 넘어선다. 이러한 다양성은 교회 생활 전반과 개개인의 태도 및 행동으로 진정 수용되어야 한다.[24] 다민족 교회를 세우는 어려움이 절대 과소평가되어서는 안 된다.[25] 일부 교회들은 다민족 교회를 세우려 시도하고 그 과정에서 고민이 많다. 이것은 결코 쉬운 일이 아니며, 언제나 환영받고 성공할 수 있는 일도 아니다. 아직 이러한 여정을 시작도 못한 교회도 있다. 그러나 우리가 진정 복음의 사람이고, 예수님이 기도에 반드시 응답하시리라 믿는다면, 하나님의 은혜와 인도하심을 구하고 다양성 안에서 진정한 하나 됨을 이루려 할 때 지쳐서는 안 된다.

하나님 나라가 온전히 임하는 그날, 우리는 상상할 수 없을 정도로 다양하고 다문화적인 예배 공동체를 볼 것이다. "이 일 후에 내가 보았습니다. 모든 나라와 민족과 백성과 언어에서 나온 아무도 셀 수 없는 큰 무리가 흰옷을 입고 손에 종려나무 가지들을 들고 보좌 앞과 어린양 앞에 서서 큰 소리로 외쳐 말했습니다. '구원은 보좌에 앉으신 우리 하나님과 어린양께 속한 것입니다'"(계 7:9-10). 교회가 아직 완전히 임하지 않은 하나님 나라를 미리 경험할 수 있는 곳이라면, 다양성을 존중하면서 우리의 하나 됨을 보여 줄 수 있는 방법을 찾는 것이 최우선 순위여야 한다.

주변부에서 중심으로

에티오피아 출신 내시는 신약에서 가장 흥미로우면서도 지나쳐 버리기 쉬운 인물이다. 그는 구원 역사에서 아주 특별한 역할을 맡는다. 그가 등장하는 사도행전 8장 26-40절에는 초자연적이고도 우연한 일이 기록되어 있는데, 이는 하나님이 예정하신 역사적인 구원 사건이자 중요한 사건임을 강조한다.

천사의 인도를 받아 광야에 간 빌립은 에티오피아인을 만난다. 그 내시는 (매우 이례적으로) 이사야서를 가지고 있었고 마침 수레를 타고 가며 메시아에 관한 말씀을 읽고 있었다![26] 그들은 광야에 있었지만 세례를 받을 수 있는 물 있는 곳을 만났다. 그 후 빌립은 성령의 인도를 받아 다른 곳으로 간다.

이 모든 이야기는 하나님의 주권을 강조하며, 복음이 땅끝까지 전파되고 장벽이 허물어지며 인간의 예상을 뛰어넘는 역사가 펼쳐질 사도행전에서 이 사건이 중요한 역할을 맡았다는 것을 보여 준다.[27] 에티오피아인 내시는 사회에서 받아들여지지 못하고 소외된 사람을 대표하지만 "땅끝에" 복음을 전한 최초의 인물이 된다.

이 사건이 가지는 엄청난 영향력을 이해하려면 배경을 알아야 한다. 이 내시는 아프리카 대륙의 누비아(오늘날의 수단) 지방에서 왔을 것으로 추정되는데,[28] 피부색이 검었을 것이다.[29] 앞으로 살펴보겠지만, 그가 에티오피아에서 파송된 인물이라는 점은 대단히 중요하다. 그는 에티오피아 여왕 간다게의 재무장관으로 중요한 직책을 맡은 자였다. 하나님을 경외하던 사람(이스라엘의 하나님을 예배하는 이방인)이었는데, 당시 그 지역에 회당이 있었다는 증거가 없다는 점을 고려하면 이는 흥미로운 사실이다.

무엇보다 중요한 점은 그가 내시였다는 것이다.[30] 에크하르트 J. 슈나벨(Eckhard J. Schnabel)에 따르면, "내시는 고대 사회에서 심하게 조롱받던 사람이었다."[31] 성도착자 취급을 받았을 수도 있다. 1세기 유대교 역사가 요세푸스(Josephus)에 의하면, 내시는 혐오의 대상이었으며 사람들은 내시와 대화하는 것을 피했는데, "괴물 같은 본성"을 가졌다고 생각했기 때문이다.[32] 유대교 작가 필론(Philo)은 내시를 "가치 없는 존재"라고 불렀다.[33] 내시는 성적 기능을 상실한 존재로 여겨졌다. 2세기 로마 출신 작가는 내시에 대해 이렇게 언급했다. "그들을 사회에서 격리해야 한다. … 신전과 성스러운 물을 담은 그릇에 접근하지 못하게 막고 모든 공적인 모임에서 제외해야 한다." 그리고 이렇게 말했다. "아침에 집을 나서자마자 그들을 본다는 것은 불길한 징조요 불결한 일이다. … 그들은 남자도 여자도 아닌, 잡종의 해괴망측한, 괴물 같은 본성을 가진, 인간의 본질에서 벗어난 존재다."[34]

모세 율법도 내시들이 여호와의 회중에 들어오는 것을 명확하게 금하고 있다. 이것을 보면 이 사건이 구속사적으로 얼마나 중요한지 알 수 있다(신 23:1). 내시는 이스라엘 백성에 포함될 수 없는 사람이었다(레 21:20; 22:24). 에티오피아인이 수레를 타고 며칠에 걸쳐 수천 킬로미터 떨어진 예루살렘 성전까지 와서 예배를 드리려 하는데, 내시라는 이유로 거절당하는 경우를 생각해 보라.[35] 비록 여왕의 궁전에서 일하는 영향력 있는 인물이기는 하나, 그 외의 모든 면에서는 품위가 없고, 정상적이지 않고, 받아들여질 수 없고, 열등하며, 사회적으로나 심리적으로나 영적으로나 소외된 인물이었다. 그가 빌립에게 "내가 세례를 받지 못할 이유가 어디 있겠소"(행 8:36)라고 물었을 때, "당연히 세례를 받을 수 없소. 당신은 내시이지 않소!"라는 말을 들을까 두려웠을지도 모른다. 그러나 믿음을 고백했기에 그 이유만으로 세례를 받을 수 있었다. 하나님은 메시아의 새로운 공동체에 이방인 내시도 받아들이셨다.

그리스도께서 이 땅에 오심으로, 세상에서 가장 소외된 자들을 품으시는 하나님의 새로운 시대가 시작되었다. 이전에도 예수님은 세리들, 창녀들과 함께하셨지만 이제는 하나님의 은혜가 또 다른 장벽을 허물어 버렸다. 스콧 스펜서(F. Scott Spencer)는 1세기 무렵 지중해 지역에서 내시에 대한 적개심이 만연했다는 점을 주목하며 "환관이 회심하고, 세례를 받고, 기독교 공동체의 일원이 되었다는 것은 당시 지배적 문화 경계를 급진적으로 거스르는 행동이었다"라고 평가한다.[36] 이 사건은 세상의 모든 백성을 초청하는, 이사야의 예언에 등장하는 새로운 구원 역사가 시작되었음을 알리는 중요한 이정표였다.

이방 사람이라도 여호와께 속했다면 "여호와께서 나를 그분의 백성과 차별하시는구나" 하고 말하지 못하게 하여라. 고자라도 "나는 마른 나무에 불과하구나" 하고 말하지 못하게 하여라. 여호와께서 말씀하신다. "고자라도 내 안식일을 지키고 내가 기뻐하는 일을 골라서 하며 내 언약을 단단히 붙들기만 하면 내 성전과 내 성벽 안에 기념비를 세워 주고 아들과 딸에게 물려주는 이름보다 더 좋은 이름을 주겠다. 내가 그들에게 영원히 끊어지지 않는 이름을 주겠다.

(…)

내가 그들을 내 거룩한 산으로 데려와서 내 기도하는 집에서 그들을 기쁘게 해 주겠다. 그들이 내 제단에 바친 번제물과 희생제물을 내가 기꺼이 받을 것이다. 내 집은 모든 백성이 모여서 기도하는 집이라고 불릴 것이다." 쫓겨난 이스라엘 사람들을 모으시는 주 여호와의 말씀이다. "내가 이미 모은 사람들 외에 더 많은 사람들을 또 모으겠다."(사 56:3-5, 7-8)

이사야는 이방인이나 내시처럼 하나님의 백성이 될 수 없었던 사람이 하나님의 백성이 거하는 자리에, 심지어 하나님의 아들딸들보다도 더 나은 자리에 있을 그날을 바라본다. 하나님은 그들의 예배도 받으실 것이며 그들은 큰 기쁨을 누릴 것이다. 하나님의 집은 진실로 모든 사람이 기도하는 집이 될 것이다. 이 예언의 성취는 예수님이 "'내 집은 모든 민족들이 기도하는 집이라 불릴 것이다'라고 성경에 기록돼 있지 않았느냐?" 하시며 이방인을 위한 성전 뜰에서 돈 바꾸는 자들을 내쫓으실 때 이미 예상되었다(막 11:17; 참조, 마 21:13; 눅 19:46).[37] 이제 이 예언의 성취는 에티오피아인 내시의 회심과 세례 이후 더욱 명백해졌다.

에티오피아 지역은 상징적 의미가 있다. 고대 지중해 세계에서는 에티오피아를 지구에서 가장 동떨어진, 땅의 끝이라고 생각했다.[38] 이러한 점은 제자들에게 "온 유대와 사마리아와 땅끝까지" 이르러 증인이 되라고 하신 예수님 말씀에 비추어 볼 때 중요한 의미가 있다(행 1:8). 사도행전 8장 5절은 복음이 사마리아 땅에 처음으로 전해졌다고 기록한다. 이제 에티오피아인 내시는 땅끝까지 복음을 전하며 예수님의 말씀을 이루어 낼 복음 전달자가 되었다. 1세기 누비아 지역에 교회가 있었다는 기록은 없지만, 초기 전승에 의하면 그는 최초의 아프리카 선교사가 되어 복음을 전했다고 한다.

초기 교회의 아버지였던 이레나이우스(Irenaeus, 185년경)의 기록에 따르면, "이 남성은 에티오피아 지역에 가서 자신이 믿게 된 것을 설교하고 다녔다"라고 전한다.[39] 초기 교회 역사학자인 유세비우스(Eusebius, 약 4세기경)는 이렇게 기록했다. "그는 최초로 … 자신의 나라로 돌아가 복음을 전한 자였다. 그를 통해 '통치자들이 이집트에서 나올 것이요, 에티오피아가 그 손을 하나님께 뻗을 것입니다'(시 68:31)라는 예언이 실제로 성취되었다."[40]

에티오피아인 내시가 실제로 자기 고향에 교회를 세웠는지는 알 수 없지만, 복음을 기쁘게 전하는 증인이 되었다는 점은 확실하다. 사도행전의 문맥적 구조와 누가가 전하는 이야기의 세부 사항을 고려하면, 이 내시 이야기는 이사야 18장 1-7절과 스바냐 3장 10절에 예언된, 에티오피아를 포함한 세상 모든 나라에서 온 백성이 하나님을 예배하고자 나아오리라는 예언이 성취될 것을 보여 준다.[41]

벤 위더링턴 3세(Ben Witherington III)는 이렇게 결론짓는다.

적어도 누가는 땅끝까지 "모든 육체"에 복음을 전한다는 선교 계획을 때로는 사도가 아닌 복음의 전달자를 통해서, 때로는

다양한 형태의 직접 개입을 통해서 하나님이 직접 이루신다
는 사실을 전하려 했을 것이다. 때로 그들이 통제할 수 있는 범
위를 넘어 역사하시는 하나님의 계획을 따라 잡으려 노력하는
것만이 예루살렘 교회 지도자들이 할 수 있는 일이었다.[42]

에티오피아인 내시라는 인물을 통해 "모든 사람"이라는 사
명의 두 측면이 어떻게 실현되었는지 알 수 있다. 하나님은 그의
회심 과정을 지휘하셨고, 성령의 주권적인 인도와 권능으로 모
든 백성에게, 땅끝까지 복음이 전해질 것을 확증하셨다. 이 내시
는 복음의 포용성도 보여 준다. 하나님은 영적, 사회적, 지리적으
로 소외받던 사람을 세례를 통해 새로운 백성으로 받아들이신다.
하나님이 찾아내지 못할 정도로 먼 곳에서 방황하는 사람도 없
고, 하나님의 은혜가 품지 못할 정도로 큰 상처를 받은 사람도 없
다. 교회도 이와 같아야 한다. 에티오피아인 내시 이야기는 우리
의 사명이 이 세상 모든 사람 가운데 변혁적 교회를 확장시키고
하나님께 영광 돌리는 것임을 다시 확인해 준다.

우리는 회개해야 한다.
교회 내에 드리워진 분열과 인종차별,
민족 분쟁의 길고 어두운 역사가
연합을 이루시는 하나님의 능력에 대한
눈부신 증거마저 가려 버렸기 때문이다.

6.

끝없이
확장되는
하나님의 교회

온 세상에 하나님의 영광이 가득할 때까지

이제 선교 선언문 "이 세상의 모든 사람 가운데 변혁적 교회를 **확장**(배가)**함으로써** 하나님께 영광을 돌리는 것"의 마지막 측면을 이야기해야 한다. 선교와 교회 개척, 리더십 개발을 논의할 때 '확장'은 자주 등장하는 주제다. 이는 사역과 복음 전도가 점진적으로 성장할 뿐 아니라 기하급수적으로 배가되고 확장되어야 한다는 생각이다. 이러한 확장 개념은 양적, 수적 증가에 치중한다는 비판을 받아 왔다. 그러나 창조와 재확산은 오직 하나님의 주권하에 있다. 강요될 수도, 조작될 수도, 통제될 수도, 만들어 낼 수도 없는 것이다.

사도 바울은 성장을 가능하게 하는 근원이 무엇인지를 알았다. "나는 심고 아볼로는 물을 주었으나 자라게 하신 분은 **하나님**이십니다. 그러므로 심는 사람이나 물 주는 사람은 아무것도 아니요 오직 **하나님께서** 자라게 하신 것입니다"(고전 3:6-7). 대다수 목회자와 선교사가 사역 확장은 둘째 치고 기존 사역을 유지하는 것만도 어려운 것이 현실이다. 변혁적 교회를 세우는 것 자체도 엄청난 도전이다. 사역을 하나 늘리거나 여러 사역으로 확장하는 것은 많은 교회에 불가능해 보인다. 중국이나 인도 등지에서 가정 교회들이 극적으로 성장하고 있다는 소식이 들려오지만, 서구 문화권에서 사실상 교회가 교회를 개척하고 그 교회가 또 다른 교회를 개척하는 것은 아주 드물다. 그렇다면 교회 확장(배가)이라는 목표는 그저 과장되고 허황된 것인가?

바울은 말한다. "심는 사람과 물을 주는 사람은 하나이며 각각 자기의 수고한 대로 자기의 **상을 받을 것입니다.** 우리는 하나님의 동역자들이요 여러분은 하나님의 밭이며 하나님의 건물입니다. … 그러나 각각 그 위에 어떻게 세울 것인지 **신중을 기해야 합니다.** … 만일 누가 그 기초 위에 세워 놓은 일이 그대로 있으면 **상을 받고**"(고전 3:8-10, 14). 성장을 가능하게 하시는 분은 하나님이지만, 우리는 하나님의 일에 어떻게 참여할지 고민할 책임이 있다. 우리가 받은 위대한 선교적 명령을 완수하기 위해서는, 복음을 이 세상에 전해야 하고, 변혁적 교회를 모든 민족과 모든 공동체에 세워야 하며, 예수님의 제자들과 교회 지도자들과 전임 사역자들과 교회들이 자연적으로 재생산이 가능한 재생산을 이루어야 한다. 이러한 의미에서, 질적으로나 양적으로 확장하는 방법과 방향을 추구하는 것은 필수적인 요소다. 내가 말하는 교회 재생산은 수적인 차원의 배가(가령 1이 2가 되고, 4가 되고, 8이 되는 것)가 아니다. 간단히 말하면, 변혁적 교회가 또 다른 변혁적 교회를 세우고 그 교회가 또다시 변혁적 교회를 재생산하는 것, 이것이 우리의 목표다.

선교적 목표로 자주 언급되는 "세 가지 자립 원칙"(three-self)은 교회가 자치적이고(self-governing), 재정 자립을 이루고(self-supporting), 스스로 배가한다는(self-propagating) 것으로서, 그 자체로는 불충분하지만 이런 생각을 잘 반영한다. 우리는 모든 경건한 수단을 동원해서 교회 재생산에 최선을 다하고, 이를 방해하는 접근 방식은 피하라는 명령을 받았다.

여기서 반드시 생각해야 하는 것은 교회 확장의 실질적 방법이 아니다. 그것은 이미 많은 사람이 이야기해 왔다.[1] 이번 장에서는 더 근본적인 질문에 답할 것이다. 인류와 교회를 향한 하나님의 더 큰 계획 안에서 확장과 성장의 진정한 개념은 무엇인가? 그 확장은 진정으로 가치 있는 성경적 목표인가?

창조, 번성, 종말론적 비전

구약 성경을 보면, "자식을 많이 낳고 번성하라"[2]라는 구절과 "땅에 가득하라"라는 구절이 비중 있게 등장한다. 언뜻 이 말씀은 선교 및 교회 사역과 상관없는 듯 보일 수 있지만, 신약 성경에서 복음 확산과 교회 성장을 설명할 때 이 말씀은 다시 등장한다. 하나님은 세상을 창조하실 때 동물들에게 이렇게 말씀하셨다. "새끼를 많이 낳고 번성해 바닷물에 가득 채우라. 새들은 땅에서 번성하라"(창 1:22).

번성이란 하나님이 온 만물에게 의도하신 자연스러운 특성이다. 몇 구절 뒤에, 하나님은 아담과 하와에게도 비슷한 말씀을 하신다. "하나님께서 그들에게 복을 주시며 그들에게 말씀하시기를 '자식을 많이 낳고 번성해 땅에 가득하고 땅을 정복하라'"(창 1:28). 이 두 가지 경우에 공통되는 번성함은 "땅에서의 충만함"으로 이어진다. 이것만이 인류가 순종한 유일한 명령이라고 보는 견해도 있다. 실제로 인류는 자식을 낳고 "땅 위에서 번성하기 시작"했다(창 6:1). 비극적이게도, 그 결과로 땅이 인간으로 가득해졌을 뿐만 아니라 "그들로 인해 땅이 폭력으로 가득"하게 되었다(창 6:13; 또한 11절을 보라). 이것은 하나님의 형상을 가진 청지기로서 땅에 가득하라는 하나님의 의도와는 정반대였다.

이로 인해 하나님은 홍수로 심판하신다. 홍수 이후에 땅에 다시 사람이 살게 되었다. "하나님께서 노아와 그의 아들들에게 복을 주시며 말씀하셨습니다. '자녀를 많이 낳고 번성해 땅에 가득하라'"(창 9:1; 참조, 7절). 그러나 가장 의롭다고 인정받은 노아와 그의 아들들도 곧 죄를 짓는다(창 9:18-28). 그 후 바벨탑 사건으로 인류는 흩어지고 언어가 혼잡해지면서 더욱 극심한 타락으로 치닫는다(창 11장).

모든 희망이 사라져 버린 그때, 하나님은 아브라함을 그분 백성의 아버지로 부르시고 그와 언약을 맺으신다. 이번에는 명령이 아니라 약속을 주신다. 타락한 인류가 번성하면서 땅이 폭력으로 뒤덮였던 것과는 반대로, 하나님은 세상에 복이 될 언약 백성을 번성케 하신다. 아브라함의 후손은 번성하여 큰 나라를 이룰 것이고, 그들을 통해 세상 모든 민족이 복을 받게 될 것이다(창

12:1-3). 하나님은 아브라함이 여러 민족의 아버지가 될 것을 약속하시며, "내가 너를 크게 번성케 하겠다"라는 말씀을 다시금 확인하신다(창 17:6). 하나님은 번성하게 하리라는 언약을 이스마엘에게도(창 17:20), 야곱에게도(창 28:3; 48:3) 반복해서 말씀하신다.

출애굽기 1장 7절은 이스라엘 자손이 이집트에서 "자식을 많이 낳아 크게 번성하고 대단히 강대해졌으며 땅에는 이스라엘 자손들로 가득 차게" 되었다고 묘사한다. 하나님은 이스라엘이 순종하면 그들을 번성케 하시고 수를 늘리실 것이라고 약속하신다(레 26:3, 9). 백성이 심판을 받은 후에도, 하나님은 장차 임하게 될 더 나은 날에 대해서 예레미야를 통해 말씀하신다. "그리고 내 마음을 따르는 목자들을 내가 너희에게 주어 그들이 너희를 지식과 분별력으로 양육하게 할 것이다. 여호와의 말이다. 그 무렵 이 땅에서 너희 수가 증가해 번성하게 될 때 … 그때 그들은 예루살렘을 '여호와의 보좌'라고 부를 것이고 모든 민족들이 그곳으로, 곧 여호와의 이름을 기리기 위해 예루살렘으로 모일 것이다"(렘 3:15-17; 참조, 겔 36:10-11). 여기에서 분명한 것은 구약 성경에서 하나님 백성의 수적 성장은 축복의 결과이며, 이 세상 마지막 때에 드러나는 하나님의 언약적 은혜의 선물이라는 것이다.

온 땅을 가득 채우리라는 이 세상 마지막 때의 비전에는 추가적인 의미가 있다. 민수기 14장에서 하나님이 그분께 반역한 이스라엘에 심판을 선포하실 때 이 말씀이 언급된다. "여호와의 영광이 온 세계에 충만할 것"(21절, 개역개정). 이 비전은 시편 72편 19절 기도에도 재등장한다. "주의 영광스러운 이름을 영원히 찬양합니다. 온 땅이 주의 영광으로 가득 차게 하소서. 아멘, 아멘." 이사야 6장 3절에서는 천사들이 "거룩하시다! 거룩하시다! 거룩하시다! 만군의 여호와여! 그분의 영광이 온 땅에 가득하시다"라고 찬양한다. 시편 기자는 "이 땅은 그분의 변함없는 사랑으로 가득 차 있습니다"라고 선포한다(33:5; 참조. 119:64).

선지자 이사야와 하박국은 "물이 바다를 덮고 있듯이 세상이 여호와를 아는 지식으로 가득"하게 될 메시아의 나라를 미리 보고 있다(사 11:9; 참조. 합 3:3). 이사야는 이를 식물이 자라나는 것에 비유한다. "흙이 싹을 틔우듯, 동산이 씨앗을 움트게 하듯, 주 여호와께서는 모든 나라들 앞에서 정의와 찬양이 싹트게 하실 것이다"(사 61:11). 다니엘은 "신상을 친 돌은 큰 산이 돼 온 땅에 가득 찼습니다"(2:35)라며 영광스러운 메시아 시대의 비전, 곧 인간이 세운 그 어떤 나라보다 강력하고 큰 나라가 임할 것을 내다보았다.

이것은 정말 놀랍고도 극명한 대조다. 인간은 이 땅을 폭력으로 가득 채우고 전 세계를 정복하려 하지만, 하나님은 언젠가 언약 백성을 번성케 하시고 온 땅이 하나님의 영광과 지식과 영원한 사랑과 공의로 충만하게 하실 것이다. 이것이 번성과 생육, 충만의 참된 목적이다.

이 진리는 우리를 다시 원점에 세운다. 1장에서는 하나님의 영광이 변화의 동력이고 목적이라는 점을 살펴보았다. 2장에서는 "움직이는 포도나무"인 교회가 이 세상 모든 민족 가운데 세워짐으로 하나님의 영광이 이 땅에 가득하게 된다는 점을 보았다. 기억하는가? 이제 변혁적 교회 확장의 궁극적인 목적이 온 땅을 하나님의 영광으로 채우는 것임을 보게 된다. 복음 전도, 제자 훈련, 교회 개척과 성장, 긍휼, 정의, 하나님 나라에 대한 증언은 모두 이 궁극적 목적을 위한 전 단계다. 가장 최상의 모습으로 하나님의 영광이 드러나는 것이 목적이다. 이것은 우리 자신이나 우리의 영광, 평판, 개인적 성취와 관련이 없다. 우리의 운동이나 교회와도 관련이 없다. 양(quantity)을 희생해서 질(quality)을 높이거나, 질을 희생해서 양을 늘리는 것도 아니다. 우리가 간절히 원하는 질적 목표는 하나님의 영광이며, 우리가 추구하는 양적 목표는 하나님의 영광이 온 땅에 가득해지는 것이다.

이 일은 궁극적으로 우리 주 예수님이 다시 오시는 영광스러운 때에 온전히 이루어질 것이다. 우리에게는 그 비전을 미리 맛보고, 온 세상에 영광스러운 복음을 전하고, 모든 족속과 나라와 백성과 언어의 사람들을 변화시키는, 이 일에 참여할 특권이 주어졌다. 이 일은 사람들이 우리의 선한 행실을 보고 하나님께 영광을 돌릴 때뿐 아니라(마 5:16) 그 행실이 성도들과 교회와 공동체의 변화된 삶에서 계속 확장될 때도 일어날 것이다.

열매 맺는 제자들의 번성 : 땅의 비유

누가복음은 "그리하여 예수에 대한 소문은 그 주변 지역까지 두루 퍼져 나갔"고(4:37) 계속해서 "예수에 대한 소문은 더욱더 퍼져" 나갔다고 기록한다(5:15). 앞에서는 누가가 기록한 겨자씨와 누룩 비유(13:18-21)를 보았다. 이 비유는 예측을 뛰어넘는 하나님 나라의 영향력을 드러낸다. 예수님은 밭의 비유를 통해 많으면 백 배에 이르는 기하급수적 성장과 영적 추수를 말씀하신다(마 13:1-9, 19-23; 눅 8:4-8, 11-15). 이 비유의 핵심 메시지는 열매의 확장성보다 토양의 성질에 더 가깝지만 앞엣것도 간과해서는 안 된다. 어떤 사람들은 이 열매를 개인의 성품과 삶의 방식이라는 관점에서 좁게 해석하기도 한다. 그러나 앞으로 살펴보겠지만 이 관점은 비유가 영적 삶의 재생산 및 누가복음-사도행전에 기록된 교회 성장과 연관이 있음을 간과한다.[3] 이 비유에는 우리가 다루는 주제와 관련된 몇 가지 눈에 띄는 구절이 있다.

첫째, 씨앗은 열매를 맺는 하나님 나라의 메시다. 마태복음이나 마가복음과 달리 누가복음은 "씨는 하나님의 말씀이다"라고 선포한다(8:11).[4] 이 말씀은 사도행전 저자인 누가에게 중요한 의미가 있는데, 누가는 하나님의 말씀 또는 주님의 말씀이 확산되고 교회가 성장한다고 반복해서 기록한다(행 6:7; 12:24; 13:49; 19:20). 이는 3장에서 다룬 하나님 말씀의 능력을 다시 일깨운다.

하나님 말씀의 씨를 뿌리는 것, 즉 하나님 말씀에 대해 이야기를 나누고 가르칠 때 영적 열매가 맺히고 상상할 수 없을 정도로 많은 양을 거둔다는 것이다. 자연 세계의 씨앗 하나에 이토록 많은 생명이 들어 있다는 사실은 참으로 놀랍다. 백 배에 이르도록 생명을 배가시키는 복음의 능력 역시 참으로 경이롭다. 우리는 영적 배가와 열매 맺음이 복음을 전하고 이해하는 것과 밀접하게 연결됨을 다시 한 번 깨닫는다.

둘째, 네 종류의 밭이 있었지만 한 곳에서만 열매가 맺힌다. 복음 메시지를 들은 사람들의 반응은 다양하고 우리는 그들의 반응을 예측할 수 없다. 그렇기 때문에 복음의 씨앗을 널리 뿌려야 한다.[5] 가난한 농부라면 전에 어디에 얼마나 뿌렸는지 잘 계산해야겠지만, 존 놀런드(John Nolland)는 "하나님은 곧 있을 대풍년을 기대하시며 씨를 아낌없이 뿌리신다"[6]라고 말한다. 우리도 하나님 나라의 풍성한 열매를 기대하며 말씀을 아낌없이 뿌려야 한다. 결과는 밭의 상태, 즉 말씀을 받아들이는 이들에게 달렸다. 이 비유는 듣는 이의 반응에 초점이 있지만, 뿌리는 자 역시 사람들이 말씀을 이해할 수 있도록 상황에 맞춰 전하려고 노력해야 한다.[7] 비옥한 밭에서 열매 맺는 사람은 단순히 말씀을 듣고 받은 사람이 아니라 그 말씀을 이해한 사람이다(마 13:23).

셋째로, 이 비유는 말씀이 확산되는 과정에 늘 영적 도전이 있음을 분명히 밝힌다. 사탄은 사람들이 하나님 말씀을 듣고 받아들이는 것을 원하지 않는다. 말씀을 들은 사람의 "마음에서 말씀을 빼앗아 가는 바람에 [그들이] 믿지 못하고 구원받지" 못하게 할 것이다(눅 8:12). 그러나 궁극적으로 하나님 말씀은 결실을 맺을 것이고, 헛되이 하나님께로 돌아가지 않는다. "내 입에서 나가는 말도 내가 원하는 것을 이루고 내가 보낸 사명을 성취하지 않고는 허사로 내게 다시 돌아오는 일이 없을 것이다"(사 55:11).[8] 복음을 들은 네 사람 중 한 사람이라도 비옥한 마음 밭을 지녔을지는 확신할 수 없다. 그러나 믿는 이가 있을 것이고, 이후 거두는 열매는 놀라울 것이다.

확장되는 교회: 사도행전과 바울의 선교

누가복음의 이러한 요소들은 누가의 다음 책인 사도행전에 등장할 사건을 예고한다. 누가복음에서 예수님의 소문이 전 지역으로 확산되는 모습은 사도행전에서 복음이 폭발적으로 확산되는 사건의 전조다.[9] 하나님 나라의 범위와 그 영향력에 관한 비유는 사도행전 초반부에서 교회 성장을 통해 성취된다.[10] 하나님 나라 확장과 하나님 말씀의 풍성한 결실을 통해서 구약에 예언된 종말론적 비전이 성취될 것을 보여 주는 것이다. 사도행전의 한 가지 명확한 주제는 성령의 권능으로 복음이 땅끝까지 전해질 때 제자들의 수가 늘어나고 교회가 성장하며(행 1:8),[11] 하나님의 영광이 이 땅에 가득하게 된다는 것이다. 아브라함의 후손이 생육하고 번성하리라는 언약은 신약 성경에서 하나님 백성의 번성으로 온전히 성취될 것이다.[12] 사도 바울은 갈라디아서 3장 7-9절을 통해 이를 분명히 설명한다. "그러므로 여러분은 믿음에서 난 사람들이 바로 아브라함의 자손임을 아십시오. 성경은 하나님께서 믿음으로 인해 이방 사람을 의롭다고 인정하실 것을 미리 알고 먼저 아브라함에게 복음을 선포했습니다. '모든 이방 사람이 네 안에서 복을 받을 것이다.' 그러므로 믿음에서 난 사람들은 믿음이 있는 아브라함과 함께 복을 받습니다."

하나님은 아브라함과 그의 후손들이 하늘의 별처럼 많아질 것이라고 거듭 약속하셨다(창 16:10; 17:2, 20; 26:24; 35:11; 48:4). 흥미롭게도, 70인역 성서가 창세기(1:22, 28; 8:17; 9:1, 7)에서 사용한 "번성하고 충만하라"(auxanesthe kai plēthynesthe)라는 표현은 누가복음에서 교회의 성장과 확장을 묘사할 때 반복적으로 사용된다. 사도행전 7장 17절에서 스데반이 설교할 때는 이스라엘과의 언어적 연관성이 분명히 드러난다. "하나님께서 아브라함에게 하신 약속을 이루실 때가 가까워지자 이집트에 살고 있는 우리 민족의 수가 엄청나게 늘어났습니다." 누가는 이러한 언어를 사용해서 하나님의 새로운 백성인 교회가 어떻게 번성하고 땅에 충만해졌는지를 보여 주며 구약의 종말론적 비전과 교회 성장의 연관성을 보여 준다.[13] 아브라함과의 언약 이후 하나님 백성의 번성과 확장이 생물학적이었다면, 사도행전에서는 성령의 능력과 복음 선포를 통해 영적으로 번성하는 성장에 가깝다.

오늘날 우리는 지나치게 실용적으로 보이거나 숫자에만 집착할까 봐 교회 성장에 대해 말하기를 종종 망설인다. 하지만 누가는 한 치의 망설임도 없었는데, 이러한 성장을 예수님의 말씀과 종말론적 비전의 성취로 바라보았기 때문이다. 누가는 복음 전파와 교회 성장을 표현할 때 '성장하다'(grow), '번성하다'(multiply), '증가하다'(increase)를 반복 사용한다. 그중에서 누가가 많이 사용한 단어는 auxanō(아욱사노)와 plēthynō(플레티노)다. 아욱사노는 식물의 성장처럼 자연적이고 유기적인 성장에 가까우며, 주로 '자라다'(grow), '증가하다'(increase)로 번역된다. 플레티노는 수적인 증가에 가까운 단어다.[14] 사도행전에서 이 단어는 '증가되다'(increased, NIV), '배가되다'(multiplied, ESV)로 번역된다. 어느 단어를 사용하든, 복음의 단순한 확산과 교회 성장을 넘어선 폭발적 성장과 결실이 강조된다. 성장을 뜻하는 용어가 사용된 사도행전 구절을 살펴보자.

- 6:1 이 무렵 제자들의 수는 점점 늘어났습니다.
- 6:7 이렇게 해서 하나님의 말씀은 계속 널리 퍼져 나갔으며 이로써 예루살렘에 있는 제자들의 수도 많이 늘었고 더

욱이 수많은 제사장들도 이 믿음에 순종하게 됐습니다.

- 9:31 이렇게 해서 유대와 갈릴리와 사마리아의 온 교회가 든든히 서 가면서 평안을 누리게 됐습니다. 그리고 교회는 주를 두려워하고 성령의 위로를 받으면서 그 수가 점점 더 늘어 갔습니다.
- 12:24 그러나 하나님의 말씀은 점점 널리 퍼져서 믿는 사람이 더욱 늘어나게 됐습니다.
- 13:49 그리하여 주의 말씀이 그 지방 전체에 두루 퍼졌습니다.
- 16:5 이렇게 해서 교회들은 믿음 안에서 더욱 굳건해지고 그 수가 날마다 늘어났습니다.
- 19:20 이렇게 해서 주의 말씀은 점점 힘 있게 퍼져 나갔습니다.

사도행전의 일부 구절은 '성장'을 뜻하는 구체적인 용어를 사용하지 않고 교회 성장을 설명한다(2:47; 5:13-14; 11:21, 24; 19:10). 더욱이, "(성장에 관한) 구절들은 대부분 현재 진행형으로 기록되어 현재 지속적으로 이루어지는 수적 증가를 표현한다."[15] "많이"(6:7), "날마다"(16:5), "힘 있게"(19:20) 같은 수식어들은 그 성장이 얼마나 극적인지를 강조한다.[16] 지리적 표현인 "온"(9:31; 19:10) 또는 "지방 전체"(13:49)는 제자들의 수뿐만 아니라 그 지역에서 교회의 수도 증가했음을 나타낸다. 누가는 하나님 나라의 성장이라는 주제가 성취되고 복음이 놀랍도록 널리 퍼져 나갔음을 복음서에 기록하려고 의식적으로 노력한 것이 분명하다.[17]

에베소 교회는 가장 모범적인 교회 성장 사례일 것이다. 바울이 3년간 가르쳤던 에베소에서 복음이 퍼져 나갔다. "아시아 지방에 사는 모든 유대 사람들과 그리스 사람들이 주의 말씀을 듣게 됐습니다"(행 19:10). 바울은 에베소에서 고린도 교회에 편지를 쓰면서 이를 언급한다. "그러나 나는 오순절까지 이곳 에베소에 머무르려고 합니다. 이는 내게 효과적으로 일할 수 있는 큰 문이 열렸기 때문입니다. 또한 나를 대적하는 사람들도 많습니다"(고전 16:8-9). 아시아 지방을 보면 서머나, 버가모, 두아디라, 사데, 빌라델비아, 라오디게아(계 2-3장), 골로새, 히에라볼리(골 4:13) 교회가 에베소에서 시작되었을 가능성이 높다. 이외에도 우리가 모르는 교회들이 더 있을 것이다.

우리는 바울이 이 모든 교회에 복음을 직접 전했거나 직접 개척한 것이 아니라는 사실을 알고 있다. 예를 들어, 골로새 교회는 에바브라가 개척했다(골 1:7). 두란노서원에서 바울이 행한 가르침과 "대화" 사역으로 이 지역 전체에 하나님 말씀이 확장되었음을 누가는 분명히 하는데, 이는 매우 중요하다. "아시아 지방에 사는 모든 유대 사람들과 그리스 사람들이 주의 말씀을 듣게 됐습니다"(행 19:10).[18]

로마서 15장에 기록된 두 가지 진술에서 드러나는 바울의 전략, 즉 교회를 개척하고 그 교회가 다시 재생산하는 전략은 참으로 놀랍다. 19절은 "그래서 나는 예루살렘에서 일루리곤까지[19] 두루 다니며 그리스도의 복음을 널리 전파했습니다"라고 말하고, 23절에서는 "이제는 내가 이 지역에서 더 이상 일할 곳이 없"다고 말한다. 바울이 지중해 북동부 전체를 아우르는 방대한 지역의 도시를 모두 방문한 것은 아니었다. 그곳의 모든 지역에 말씀을 전하거나 교회를 세운 것도 아니었다. 그런데 그는 왜 사역이 완성되었고 자신이 할 일이 더 이상 없다고 말하는가? 다소 과장된 표현이더라도, 대다수 성경학자들은 바울이 그 지역에 개척한 교회들이 아직 복음이 닿지 않은 다른 도시와 마을에 복음을 전하고 교회를 개척하리라고, 그래서 교회들이 계속 번성하여 자신이 시작한 일을 완성할 것이라고 가정했을 때에만 이 말이 타당하다는 데 동의한다. 제임스 D. G. 던(James D. G. Dunn)은 바울의 전략을 이렇게 설명한다.

바울의 세부 전략은 생각보다 간단한 원리를 전제한다. 바울은 주요 도시(특히 고린도와 에베소)에서 일정 기간 집중적으로 사역하면서 여러 동역자와 함께 이 지역들을 선교 중심 거점으로 활용했을 가능성이 높다. 그렇다면 바울의 비전은 지중해 북동부를 따라 곡선을 그리며 일정한 간격으로 촛불을 하나씩 밝히는 일에 빗댈 수 있다. 불이 밝혀지면 바울은 불꽃이 잘 타오르는지 확인한 후 불빛의 영역을 넓히는 일은 다른 이들에게 맡기고, 자신은 아직 불빛이 들어오지 않은, 그러나 더 멀리 불이 퍼져 나갈 가능성이 있는 더 먼 지역으로 이동했다. 이것은 틀림없이 미리 계산해 놓은 원칙이었을 것이며, 이것이 이방인 세계에 가능한 한 가장 멀리 복음을 전하는 효과적인 방법이라고 판단했을 것이다.[20]

물론 바울이 개척한 모든 교회가 또 다른 교회를 개척하며 이 비전을 실현하지는 않았다. 그러나 에베소와 비시디아 안디옥 같은 몇몇 지역에서 "주의 말씀이 그 지방 전체에 두루" 퍼졌다(행 13:49). 이것 외에는 1세기 초대 교회가 급격하게 양적으로 성장하고 기독교가 확산한 현상을 설명할 방법이 없다.[21] 교회 성장과 확장을 보장하는 공식은 존재하지 않지만, 어느 정도 효과를 거두었던 바울의 전략을 오늘날 추구할 가치는 충분하다.

다시 사도행전으로 돌아오자. 앞서 살펴본 '성장'에 관한 일곱 본문 중 무려 네 곳에서 '하나님 말씀'이 '자라다, 퍼져 나가다, 증가하다'(growing)로 표현되고 있음을 볼 수 있다. 많은 성경학자들이 '말씀의 성장'을 사도행전 전체에서 후렴구처럼 반복되는 중요한 주제로 생각한다.[22] 누가복음의 네 가지 밭 비유에서 "씨앗은 하나님의 말씀"이라는 뜻을 다시 생각해 보라. 복음 전도와 교회 개척의 열매는 복음 선포의 능력과 밀접하게 연결되기 때문에, 하나님 말씀이 자라고 확산한다는 의미는 곧 성도와 교회의 수가 늘어나고 확산한다는 뜻이다.

데이비드 W. 파오(David W. Pao)는 이같이 말한다. "하나님이 자신을 위해 다시 한 번 새로운 백성을 '창조'하실 때, 하나님의 강력한 말씀은 공동체와 동일시된다. … 여기서 하나님의 말씀은 공동체 안으로 들어와 구현되고, 하나님의 백성은 하나님의 대변자가 된다."[23] 이스라엘의 성장이 그러했듯이 교회의 성장 역시 하나님의 약속과 축복의 결과다. 성령의 능력으로 복음이 선포될 때 구원받는 이들을 더하시는 분은 하나님이다(행 2:41, 47; 5:14; 11:24). 바울은 이 복음이 "온 세상에서도 열매를 맺으며 점점 자라나고 있습니다"라고 인정한다(골 1:6).

지도자를 키울 때 성장하는 교회

세상 모든 사람들 가운데 변혁적 교회를 세울 때 핵심 요소는 제자 재생산, 더 구체적으로 말하면 영적 지도자 재생산이다. 제자들의 수가 늘어나는 만큼 교회의 수가 늘어난다. 제자 재생산은 교회 재생산의 주춧돌 역할을 한다. 변혁적 교회 확장으로 가는 방법에는 지름길이 없다. 그 길에서는 언제나 당연히 재생산이 이어지고 진정한 변화에 이르게 하는, 복음 전도와 제자 훈련이라는 힘든 영적 사역이 요구될 것이다.

그런데 어떠한 운동도 지도자의 역량을 뛰어넘을 수 없다. 새로운 성도가 다른 이들에게 믿음을 나누고 복음을 전하는 사람의 수가 늘어나면 제자 재생산이 일어난다. 교회는 오직 지도자, 개척자, 목회자 재생산을 통해서만 확산될 수 있다. 때로는 의도치 않았던 운동이 자발적, 즉흥적으로 일어나서 새로운 교회가 생겨날 수도 있다. 그러나 지도자가 사람들을 영적으로 돌보고 나아갈 방향을 제시하지 못하면 그 운동은 갈등과 거짓 가르침과 혼합주의를 비롯하여 여러 문제로 동력을 상실할 것이다. 이로 인해 교회는 깊은 차원의 변화를 경험하지 못할 뿐 아니라 시간이 흐르면서 유지 자체도 어려워진다.[24] 바울이 에베소 교회 장로들에게 준 권면은 이 부분을 강조한다(행 20:28-32). 그러므로 우리 사명이 변혁적 교회를 확장해 나가는 것이라면, 우선 변혁적인 영적 지도자를 세워야 한다.

앞서 에베소에서 시작된 소아시아 지역의 교회 개척 운동이 사도 바울 한 사람에게만 의존하지 않았음을 보았다. 에바브라를 비롯하여 다음 세대 선교사와 복음 전도자를 통해서 그 지역 전역에 교회가 세워지게 되었다. 신약 성경에 대략 35명이 바울의 동역자로 기록되었는데, 에크하르트 J. 슈나벨은 "바울의 동역자 대부분은 바울이 개척한 교회 출신이었다"라고 말한다.[25] 조금 더 자세히 들여다보면, 바울이 개척한 거의 모든 교회에서 동역자가 배출되었음을 알 수 있다.[26] 바울은 새 일꾼을 모으기 위해 자신을 파송한 안디옥에 의지하지 않았고, "추수할 일꾼은 그 추수의 자리에서" 직접 발굴하고 양육했다. 나아가서 그는 각 교회에서 영적 지도력을 가진 지역 지도자들 훈련과 파송을 가장 중요한 우선순위로 삼았는데, 그 덕분에 선교팀과 함께 새로운 선교지로 갈 수 있었다.[27] 바울은 새로운 선교 여행에 참여할 수 있는 동역자를 발굴하고, 자신이 개척한 교회를 이끌어 갈 지역 지도자를 준비시킴으로써 사역을 확장할 수 있었다.

에베소서 4장 11-13절을 생각해 보라. "그가 어떤 사람은 사도로, 어떤 사람은 예언자로, 어떤 사람은 복음 전도자로, 어떤 사람은 목사로, 어떤 사람은 교사로 삼으셨으니 이는 **성도들을 섬기는 일을 준비하게 하며** 그리스도의 몸을 세우려는 것입니다. 우리는 모두 하나님의 아들을 믿는 것과 아는 지식에 하나가 돼 온전한 사람을 이루어 그리스도께서 충만하신 정도에까지 도달해야 합니다." 교회는 교회 지도자가 이 사역을 위해 다른 이들을 훈련할 때 성숙해진다. 이 훈련은 좋은 주일 설교나 강의 몇 번으로 이루어지지 않는다. 바울은 자신을 예로 들어 온전히 드리는 삶에 대해 말한다(빌 3:17; 살전 2:7-8; 살후 3:9; 딤전 1:16).

디모데후서 2장 2절은 지도자 재생산과 관련해서 많이 인용되는 성경 구절이다. "그리고 너는 많은 증인 앞에서 내가 말한 것을 들었으니 이를 신실한 사람들에게 맡겨라. 그러면 그들이 또 다른 사람들을 가르칠 수 있을 것이다." 디모데후서는 바울이 생애 말년에 쓴 마지막 편지다. 그가 전하고자 한 뜻은 복음 메시지와 기독교 전통이 세대에서 세대로 신실하게 이어져야 한다는 것이다. 여기에는 바울, 디모데, 신실한 사람들, "또 다른 사람들"이라는 네 세대가 언급된다. 이 목표는 또 다른 지도자를 양성해 내는 지도자만의 것이 아니다. 각자의 사역이 무엇이든 간에 우리는 어떻게 사역을 확장할지 늘 고민하며 질문을 던져야 한다. "이 사역을 위해 내가 준비시켜야 할 사람은 누구이며, 누가 또 다른 사람을 준비시킬 수 있을까?" 이것이 복음 전도자가 복음 전도자를, 교사가 교사를, 교회 개척자가 교회 개척자를, 목회자가 목회자를, 선교사가 선교사를 재생산하는 변혁적 교회를 확장해 나가기 위한 핵심이다. 이를 통해 소모임이 소모임을 낳고, 교회가 또 다른 교회를 개척하는 집단적 확산이 이루어지고 궁극적으로는 변혁적 운동이 일어날 것이다.

* * *

이번 논의에서 살펴보았듯이, 우리의 사명은 그저 단 하나의 변혁적 교회를 세우고 성장시키는 것으로 끝나지 않는다. 많은, 아니 대다수 교회가 자체 사역을 성장시키고 그들이 속한 지역 사회에 복음을 전하는 데만 몰두하는 경향이 있는데, 그것도 나름 이해가 간다. 때로는 선교사를 파송하고, 가정 사역 및 해외 선교에 관한 재정을 지원하고, 해외 단기 선교를 교회의 연간 계획에 필수로 포함시키기도 한다. 그러나 이런 방식은 신약 성경에서 말하는 선교의 역동성을 놓치고 화해와 세상 변화를 위한 하나님의 도구가 되라는 부르심을 축소한다.

성경적 비전은 모든 공동체와 지역에 복음을 선포하고, 삶을 변화시키며, 제자를 삼고, 빛과 소금의 역할을 감당하며, 모든 공동체와 지역에 하나님께 영광 돌리는 교회들을 세우는 것이다. 여기에서는 한 지역 사회에 얼마나 많은 교회가 있어야 하는지 그 수를 계산하려는 것도, '미전도 지역' 또는 '미접근 지역'을 정의하려는 것도 아니다.[28] 우리가 세울 교회가 전통적 교회인지, 가정 교회인지, 멀티사이트(multisite) 교회인지, 또 다른 형태의 교회인지를 정하려는 것도 아니다. 이런 논의는 이 작은 책의 범위를 넘어서는 중요한 주제들이다.

우리가 중요시하는, 우리 자신의 사역 방법과 전략이 이 비전의 중심이 되어서는 안 된다. 이 모든 노력은 이 땅을 자신의 영광으로 가득 채우실 하나님의 선교에 뿌리를 두어야 한다. 한 지역에만 몰두하거나 점진적인 성장에 만족하는 사역은 사도행전이 제시하는 교회와 선교의 방향성에 맞지 않는다. 우리는 세상 모든 사람 가운데 변혁적 교회를 확장(배가)함으로써, 하나님의 영광을 온 땅 위에 충만케 할 하나님의 대리인으로서 하나님의 선교에 참여할 특권이 있다.

주

1. 교회는 하나님의 선교사

1. 아주 넓은 의미의 교회 선교는 Christopher J. H. Wright, *The Mission of God's People: A Biblical Theology of the Church's Mission* (Grand Rapids: Zondervan, 2010)을, 좁은 의미의 선교는 Kevin De Young and Greg Gilbert, *What Is the Mission of the Church? Making Sense of Social Justice, Shalom, and the Great Commission* (Wheaton: Crossway, 2011)을 참고하라. 이 두 관점 사이에 있는 교회 선교는 Craig Ott and Stephen J. Strauss, *Encountering Theology of Mission: Biblical Foundations, Historical Developments, and Contemporary Issues* (Grand Rapids: Baker Academic, 2010)를 보라. 다섯 교파의 전통적 관점을 연구하려면 Craig Ott, ed., *The Mission of the Church: Five Views in Conversation* (Grand Rapids: Baker Academic, 2016)을 보라. Jason S. Sexton, ed., *Four Views on the Church's Mission* (Grand Rapids: Zondervan, 2017)은 복음주의에 기반한 다양한 관점을 제시한다. 다각도로 바라본 국제적 관점은 Bertil Ekström, ed., *The Church in Mission: Foundations and Global Case Studies* (Pasadena, CA: William Carey, 2016)를 보라.
2. 미국 복음주의 자유 교회(Evangelical Free Church of America) 선교 선언문이다.
3. 일반적으로 단수 형태의 '선교'(mission)는 하나님의 선교에 동참한다는 넓은 의미의 교회 부르심을 뜻한다. 복수 형태의 '선교'(missions)는 주로 교회가 그리스도를 전하기 위해 다른 지역으로 선교사를 파송하는 구체적인 활동 등을 지칭할 때 사용한다(Ott and Strauss, *Encountering Theology of Mission*, xiv-xv). 교회 전체가 선교에 참여하는 것과 선교사 파송을 구분하지 못하면 혼란을 초래한다.

   도널드 맥가브란(Donald A. McGavran)은 선교사의 선교 사역에 대해 "교회 지도자와 선교사들이 자기가 감당하는 특정한 선교 활동만 선교라고 고집하는 편협한 시각을 버리고, 회심한 성도를 공동체 일원으로 맞아들이며 이들이 자연스러운 사회적 단위 안에서 재생산되는 것을 **중심 사역**으로 생각할 때, 세계 복음화는 진전되기 시작한다"라고 말한다. *Understanding Church Growth*, rev. ed. (Grand Rapids: Eerdmans, 1980), 455-56.

맥가브란과 아서 F. 글래서(Arthur F. Glasser)는 지역 교회를 이렇게 표현했다. "선교 사역으로 교회가 성공적으로 개척될 때마다 의료와 농업, 사회 정의와 자유가 진보했다. 교회는 사회적 질병을 치료하는 가장 강력한 치료제다." *Contemporary Theologies of Mission* (Grand Rapids: Baker, 1983), 28-29.

4. Blauw, *The Missionary Nature of the Church: A Survey of Biblical Theology of Mission* (New York: McGraw-Hill, 1962), 126.

5. Bauckham, *Bible and Mission: Christian Witness in a Postmodern World* (Grand Rapids: Baker Academic, 2003), 10.

6. 참고, 마 12:28; 눅 10:9; 11:20; 17:20-21.

7. Bosch, *Die Heidenmission in der Zukunftsschau Jesu: Eine Untersuchung zur Eschatologie der synoptischen Evangelien* (Zurich: Zwingli, 1959), 197(원문 강조)의 저자 번역본이다.

8. 완벽하지는 않지만, 이와 관련해서 다소 도전적인 논의를 원한다면 N. T. Wright, *Surprised by Hope: Rethinking Heaven, the Resurrection, and the Mission of the Church* (New York: HarperOne, 2008)를 보라.

9. 예수님은 "사람이 온 세상을 다 얻고도 자기 생명을 잃으면 무슨 소용이 있겠느냐?"(막 8:36), "내 친구들아, 너희에게 내가 말한다. 너희 몸은 죽일 수 있어도 그 후 더 이상 어떻게 할 수 없는 사람들을 두려워하지 말라. 너희가 두려워해야 할 분을 내가 보여 주겠다. 몸을 죽인 후에 지옥에 던질 권세를 가진 그분을 두려워하라. 그렇다. 내가 너희에게 말한다. 그분을 두려워하라!"(눅 12:4-5)라고 말씀하셨다. 그와 동시에 예수님은 병든 자를 치유하고 굶주린 자를 먹이시는 전인격적 사역도 행하셨다. 신약의 수많은 본문도 인간의 온갖 필요를 돌보는 것이 얼마나 중요한지 역설한다.

   야고보서 2:14-16도 말씀한다. "내 형제들이여, 만일 누가 믿음이 있다고 하면서 행함이 없으면 무슨 소용이 있겠습니까? 그런 믿음이 자신을 구원하겠습니까? 만일 형제나 자매가 헐벗고 매일 먹을 양식도 없는데 여러분 가운데 누가 그들에게 '잘 가라. 따뜻하게 지내고 배불리 먹으라'고 말하며 육신에 필요한 것을 주지 않는다면 무슨 소용이 있겠습니까?"

10. 라이프웨이 크리스천 리소스(LifeWay Christian Resources)의 책과 자료에서는 예수님을 닮은 백성이자 그리스도의 지체로서 행동하는 교회, 하나님 나라를 더욱 드러내는 공동체로서 "변화를 일으키는 교회"가 되는 법을 설명한다. Ed Stetzer and Thom Rainer, *Transformational Church: Creating a New Scorecard for Congregations* (Nashville: B&H, 2010)를 보라.

11. 분기별 간행 선교학 저널인 *Transformation: An International Journal of Holistic Mission Studies*; Vinay Samuel and Chris Sugden, eds., *Mission as Transformation: A Theology of the Whole Gospel* (Oxford: Regnum, 1999)이 있다.

12. 조지 오티스(George Otis)의 다큐멘터리 영화, *Transformations*.

13. 데이비드 보쉬(David Bosch)의 이정표 같은 저서, *Transforming Mission: Paradigm Shifts in Theology of Mission* (Maryknoll, NY: Orbis, 1991).

14. *Theological Dictionary of the New Testament*, vol. 4, ed. G. Kittel (Grand Rapids: Eerdmans, 1964). metamorphoō (p. 756) 항목을 보라.

15. González, "Paul's Use of Metamorphosis in Its Graeco-Roman and Jewish Contexts," Davar Logos 13, no. 1 (2014): 57-76, 특히 62쪽.

16. González, "Paul's Use of Metamorphosis," 61.

17. González, "Paul's Use of Metamorphosis," 62.

18. *Theological Dictionary of the New Testament*, metamorphoō (4:757) 예시를 보라.

19. González, "Paul's Use of Metamorphosis," 67.

20. 참고, David G. Peterson, *Transformed by God: New Covenant Life and Ministry* (Downers Grove, IL: IVP Academic, 2012).

21. Visser't Hooft, *No Other Name: The Choice between Syncretism and Christian Universalism* (Philadelphia: Westminster, 1963), 67. 이와 비슷한 예시를 두 개만 더 들면 신약의 미스테리온(mystērion)과 그노시스(gnōsis)가 있다. 이와 달리, 에로스(erōs)와 엔토우시아스모스(enthousiasmos)는 가져오지 않았는데, 그 의미가 기독교 메시지를 담기에 적절하지 않았기 때문이다.

22. 강조하기 위해 성경 구절 일부를 볼드체로 표기했다. 누가복음에서는 변화를 묘사할 때 메타모르포오(metamorphoō)를 사용하지 않았는데, 독자인 이방인이 저자의 의도를 오해하지 않게 하려는 것으로 보인다. 참고, W. L. Liefeld, *The New International Dictionary of New Testament Theology*, ed. Colin Brown (Grand Rapids: Zondervan, 1978), 3:862 "Transfigure".

23. Peterson, *Transformed by God*, 13.

24. González, "Paul's Use of Metamorphosis," 75.

25. *The Homilies of St. John Chrysostom, Archbishop of Constantinople, on the Second Epistle of St. Paul the Apostle to the Corinthians* (London: W. Smith, 1885), 98.

26. Piper, *Let the Nations Be Glad! The Supremacy of God in Missions* (Grand Rapids: Baker, 1993), 11.

27. Wright, *The Mission of God: Unlocking the Bible's Grand Narrative* (Downers Grove, IL: InterVarsity, 2006), 134.

2. 하나님의 새 창조가 시작된 교회

1. Newbigin, *The Household of God: Lectures on the Nature of the Church* (1953; Eugene, OR: Wipf & Stock, 2008), 27.

2. Bonhoeffer, *Sanctorum Communio, in Dietrich Bonhoeffer Works* (Minneapolis: Fortress, 2009), 1:145.

3. 하나님의 선교(missio Dei)에서 교회 확장(배가)이 어떤 위치인지 심도 있는 연구로 다음을 보라. Stuart Murray, *Church Planting: Laying Foundations* (Scottdale, PA: Herald, 2001); Tim Chester, "Church Planting: A Theological Perspective," in *Multiplying Churches: Reaching Today's Communities through Church Planting*, ed. Stephen Timmis (Fearn, Ross-Shire, UK: Christian Focus, 2000), 23-46; Richard Hibbert, "The Place of Church Planting in Mission," *Evangelical Review of Theology* 33, no. 4 (2009): 316-31.

4. 초대 교회 성도의 고백을 통해 당시 성도들이 교회를 어떻게 생각했는지 알 수 있다. 내용은 이와 같다. "우리는 하나님의 가시적인 교회를 믿고 고백합니다. 앞에서 말했듯이, 우리는 진정으로 회개하고 믿고 올바른 세례를 받은 사람들, 천국에서 하나님과 하나이며 이 땅에서 성도들과 함께 성만찬에 올바르게 참여하는 사람들입니다." Dordrecht Confession of Faith, 1632, http://gameo.org/index.php?title=Dordrecht_Confession_of_Faith_(Mennonite,_1632).

5. Hughes, *Paul's Second Epistle to the Corinthians*, New International Commentary on the New Testament (Grand Rapids: Eerdmans, 1962), 202. 폴 바넷(Paul Barnett)은 이 문헌이 "그리스도의 종말론적 중심성"을 강조함에 주목한다. "'그리스도 안에서' 옛것은 지나가고 새것, 즉 새 창조가 시작된다. 이 종말론적 중심성은 그리스도의 구원론적 중심성과 긴밀하게 연관된다." *The Second Epistle to the Corinthians*, New International Commentary on the New Testament (Grand Rapids: Eerdmans, 1997), 298.

6. 한 예로, 출애굽기 19:5-6과 베드로전서 2:9을 비교해 보라. 두 집단 모두 이 땅에서 하나님 나라와 하나님의 통치를 거룩히 드러내고 열방에 복이 되는 복을 받았다.

7. 유아세례론자들은 이 의견에 동의하지 않을 것이다. 그러나 대부분은 세례가 새로운 언약의 표징이며 구원을 위해서는 회개와 믿음이 필요하다는 사실에 동의할 것이다.

8. 예수님은 믿음 없는 유대인들이 하나님 나라를 빼앗길 것이라고 말씀하시며(마 21:43), 자신이 이 땅에 오신 이후 그 나라는 더 이상 유대인만의 소유가 아님을 강조하셨다.

9. 그리스도의 나라와 하나님의 나라는 하나이며 동일하다(엡 5:5). 그러나 그리스도께서 마지막 심판 날에 모든 통치자와 권세를 멸하시고 그 나라를 하나님께 드리실 것이다(고전 15:24).

10. Grant R. Osborne, *Romans*, IVP New Testament Commentary (Downers Grove, IL: InterVarsity, 2004), 303. 이스라엘의 미래적 구원에 대해서는 로마서 11장에 관한 오스본의 논평을

보라.

11. 솔로몬은 이 땅의 성전이 하나님을 온전히 모실 수 없음을 알았다(왕하 6:18).

12. 또 다른 제단을 세우는 행위의 심각성은 이스라엘 백성이 가나안에 들어갔을 때 르우
벤 지파와 갓 지파가 요단강 동쪽에 머물기 원했던 이야기에서 알 수 있다(민 32장). 여
호수아 22장에는 이 지파들이 요단강 근처에 제단을 세우려 하자, 신앙을 저버리는 행
위이자 하나님에 대한 반역이며 민족의 단결을 위협하는 행위로 여겨져 내전 직전까
지 간 것으로 기록되어 있다. 디아스포라 유대인은 회당을 지역 성전으로 여기지 않았
다. 회당은 율법을 배우는 장소였지, 하나님이 거하시는 곳이나 하나님께 제물을 바치
는 곳이 아니었다.

13. 헬라어 스케노오(skēnoō)에서 유래된 에스케노센(eskēnōsen)으로, 문자 그대로 "장막을 치
거나 장막 안에 거하다"라는 의미다. 이 단어는 출애굽기 33장과 그와 유사한 구절에
등장하는 '장막'을 헬라어로 번역한 것이다(70인역 성서). 심층 연구를 위해서는 다음 문
헌을 보라. Leon Morris, *The Gospel according to John*, New International Commentary on the
New Testament (Grand Rapids: Eerdmans, 1971), 102-5; Henry Mowvley, "John 1:14-18 in the
Light of Exodus 33:7-34:35," *Expository Times* 95, no. 5 (February 1984): 135-37.

14. Beale, *The Temple and the Church's Mission: A Biblical Theology of the Dwelling Place of God*
(Downers Grove, IL: InterVarsity, 2004), 170. 빌(Beale)은 이렇게 설명한다. "내 논지는, 하나님의
장막 임재가 이전에는 지성소에 국한되었으나 전우주적인 마지막 때에는 하나님의 임
재가 온 땅에 가득할 현실을 구약의 장막과 성전이 예표한다는 것이다. 이 맥락에서
요한계시록 21장의 환상은 온 우주를 가득 채울, 최종적 성전을 묘사하는 것으로 이해
하는 편이 적절하다"(25). 다시 말해, 새 예루살렘은 하나님이 백성과 함께 영원히 거하
시는 종말론적 성전이다. "신약은 아담과 노아, 이스라엘이 이루지 못했던, 성전에 가
득했던 하나님 임재의 온 세상 확장을 그리스도와 교회가 마침내 성취했다고 묘사한
다"(169).

15. Beale, *Temple and the Church's Mission*, 187.

16. 기독교 공동체를 새로운 성전으로 묘사한 초기 비정경적 언급의 수많은 사례를 보려
면, John Carney Meagher, "John 1:14 and the New Temple," *Journal of Biblical Literature* 88,
no. 1 (March 1969): 57-68, 특히 58-59를 보라.

17. Sanneh, "The Gospel, Language and Culture: The Theological Method in Cultural Analysis,"
International Review of Mission 84, no. 332 (January-April 1995): 47-64. 특히 61쪽을 보라.

18. Stott, *God's New Society: The Message of Ephesians* (Downers Grove, IL: InterVarsity, 1979), 110.

19. Beale, *Temple and the Church's Mission*, 402.

20. Newbigin, *The Open Secret: An Introduction to the Theology of Mission*, rev. ed. (Grand Rapids:
Eerdmans, 1995), 110, 150.

21. Yoder, *The Priestly Kingdom: Social Ethics as Gospel* (Notre Dame, IN: University of Notre Dame Press,

1984), 92.

22. Newbigin, *A Word in Season: Perspectives on Christian World Mission*, ed. Eleanor Jackson (Grand Rapids: Eerdmans, 1994), 33.

23. 참고, Craig Ott and Stephen J. Strauss, *Encountering Theology of Mission: Biblical Foundations, Historical Developments, and Contemporary Issues* (Grand Rapids: Baker Academic, 2010), 156-61.

24. 4장에서는 세상의 빛과 소금으로서의 교회를 자세히 살펴볼 것이다(마 5:13-16).

25. Michael J. Gorman, *Abide and Go: Missional Theosis in the Gospel of John* (Eugene, OR: Cascade, 2018), 101. 고먼은 요한복음에서 영성과 선교가 어떻게 깊이 연결되는지를 보여 준다. 여러 복음주의자들이 '신화'(theosis, 神化)라는 개념에 신중한 태도를 보이지만, 고먼은 선교적 신화를 "하나님의 선교에 동참하는 것은 본질적으로 사랑이 많고 그리하여 선교적이신 하나님의 형상으로 변화되는" 과정이라고 여긴다(180).

26. 라틴어 '미시오 데이'(missio Dei: mission of God[하나님의 선교])는 에큐메니컬 운동(ecumenical movement)과 관련하여 역사적으로 논쟁이 있는 용어다. 그러나 오늘날 신학자들과 선교학자들은 교회의 선교가 이 용어에 표현된 대로 하나님의 파송 활동에 근거를 두어야 한다는 점에 동의한다. 미시오 데이(missio Dei)에 관한 복음주의적 관점은 다음을 보라. Craig Ott and Stephen J. Strauss, "The Justification of Mission: *Missio Dei*," chap. 3 in *Encountering Theology of Mission*.

27. 교회를 "선교사로 부르심을 받은 사람들"로 인식하는 관점은 Lesslie Newbigin, *The Household of God: Lectures on the Nature of the Church* (New York: Friendship, 1954); Johannes Blauw, *The Missionary Nature of the Church: A Survey of Biblical Theology of Mission* (New York: McGraw-Hill, 1962) 같은 저서로 인해 서서히 주목의 대상이 되었다. 이 개념은 선교적 교회 논의(missional church conversation)로 발전했다. Darrell L. Guder and Lois Barrett, eds., *Missional Church: A Vision for the Sending of the Church in North America* (Grand Rapids: Eerdmans, 1998)를 보라. 선교적 교회에 관한 다양한 견해를 개괄적으로 파악하려면 Craig Van Gelder and Dwight J. Zscheile, *The Missional Church in Perspective: Mapping Trends and Shaping the Conversation* (Grand Rapids: Baker Academic, 2011)을 보라.

28. 교회 활동의 선교적 의도와 선교적 차원을 처음으로 구분한 내용은 다음을 보라. Lesslie Newbigin, *One Body, One Gospel, One World: The Christian Mission Today* (London: International Missionary Council, 1958), 21.

3. 살아 있는 성경인 교회

1. 복음서에서 예수님은 "지옥"(hell)을 11회, "하데스"(hades)를 3회 언급하신다. 사도 바울은 성적 간음을 행하는 자는 하나님 나라를 상속받지 못할 것이라고 거듭 경고한다. 구체적으로 고린도전서 6:9, 갈라디아서 5:21, 에베소서 5:5을 보라. 신학자들은 하나님 나라를 설명할 때 이 구절들을 좀처럼 인용하지 않는다. 성경에는 가난과 빈곤을 묘사하는 구절이 300여 개 있고, 재물을 올바로 사용하라는 구절도 250여 개다. 그럼에도 중산층 성도들이 출석하는 교회에서는 가난과 빈곤에 대한 설교를 듣기 어렵다.

2. 진리는 요한복음에서 특히 중요한 주제로, 헬라어로는 25회 등장한다. 참고, Leon Morris, *The Gospel according to John, New International Commentary on the New Testament* (Grand Rapids: Eerdmans, 1971), 293-96.

3. 알코올 중독자 협회, "제1단계", https://www.aa.org/assets/en_US/en_step1.pdf. 2018년 11월 13일 접속.

4. 예수님은 성경을 연구하면서도 정작 예수님 믿기를 거부하는 사람이 얼마나 위험한지 경고하신다. "너희가 성경 안에서 영생을 얻을 수 있다는 생각에 성경을 열심히 연구하는구나. 성경은 바로 나에 대해 증언하고 있다. 그러나 너희는 생명을 얻기 위해 내게로 오려고 하지 않는다"(요 5:39-40).

5. J. 램지 마이클스(J. Ramsey Michaels)는 이 본문을 이렇게 설명한다. "(베드로는) 실제 형제자매가 아닌 이들의 형제애는 영혼의 깨끗해짐 없이는 불가능하며, 예수님이 복음서에서 말씀하신 거듭남 없이는 믿음 공동체 안에서조차 서로 간의 사랑이 불가능하다는 것을 알았다." *1 Peter*, Word Biblical Commentary 49 (Waco: Word, 1988), 80.

6. 베드로전서 1:25 "복음을 전하다"(Preached)는 헬라어 유앙겔리스텐(euangelisthen)을 번역한 것으로, 동사 유앙겔리조(euangelizō [복음을 전하다])에서 유래되고 복음을 뜻하는 명사인 유앙겔리온(euangelion)과 관련 있다.

7. James D. G. Dunn, *Romans 9-16*, Word Biblical Commentary 38B (Nashville: Thomas Nelson, 1988), 712.

8. 복음서에서 예수님은 "이 세대"와 앞으로 "오는 세대"를 말씀하실 때 아이온(aiōn)을 사용하신다(마 12:32; 막 10:30; 눅 18:30). 바울도 "이 세대"와 오는 세대, "이 세대를 다스리는 사람들"(고전 2:8; 참조, 6절), 그리스도께서 다스리시는 시대(엡 1:20-21)를 기록한다. "예수 그리스도는 … 이 악한 세대에서 우리를 건져 내시려고 우리 죄를 대신해 자신의 몸을 내주셨습니다"(갈 1:4).

9. Schreiner, *Romans*, Baker Exegetical Commentary on the New Testament (Grand Rapids: Baker, 1998), 647. "세대들이 중첩되는 것" 개념과 유대교의 종말론적 언어를 이해하려면 Dunn, *Romans* 9-16, 712-13을 보라. 메타모르포우스테(metamorphousthe, 변화를 받으라)의 의미는 W. A. 비서트 후프트가 자세히 설명한다. "바울은 '변화, 변형'을 자연 안에서 시

대를 초월해 이루어지는 신비한 과정으로 이해한 것이 아니라, 그리스도 안에서 시작된 새 시대에 들어감으로써 비롯되는 새로워짐의 관점에서 이해한다(롬 12:2)." *No Other Name: The Choice between Syncretism and Christian Universalism* (Philadelphia: Westminster, 1963), 72-73.

10. Gombis, *Paul: A Guide for the Perplexed,* Guides for the Perplexed (London: T&T Clark, 2010), 55.

11. *New International Dictionary of New Testament Theology and Exegesis*, ed. Moises Silva, rev. ed. (Grand Rapids: Zondervan, 2014), 표제어 morphē (3:341).

12. 성경의 권위를 강조하는 종교 개혁 원칙인 '솔라 스크립투라'(sola scriptura)와 만인 제사장에 관해서는 다음을 보라. Kevin J. Vanhoozer, *Biblical Authority after Babel: Retrieving the Solas in the Spirit of Mere Protestant Christianity* (Grand Rapids: Brazos, 2016).

13. Moberly, "What Is Theological Interpretation of Scripture?," *Journal of Theological Interpretation* 3, no. 2 (2009): 161-78. 특히 163쪽을 보라(원문 강조). 성경에 관한 여러 신학적 해석이 있지만 다 유익한 것은 아니다. D. A. Carson, "Theological Interpretation of Scripture: Yes, But⋯," in *Theological Commentary: Evangelical Perspectives*, ed. R. Michael Allen (New York: T&T Clark International, 2011), 187-207.

14. 성경 해석에 관해서는 다음 문헌이 유용하다. Gordon D. Fee and Douglas Stuart, *How to Read the Bible for All Its Worth*, 4th ed. (Grand Rapids: Zondervan, 2014); Grant R. Osborne, *The Hermeneutical Spiral: A Comprehensive Introduction to Biblical Interpretation*, rev. ed. (Downers Grove, IL: IVP Academic, 2007). 국제적인 관점에 대해서는 Michael J. Gorman, ed., *Scripture and Its Interpretation: A Global, Ecumenical Introduction to the Bible* (Grand Rapids: Baker Academic, 2017)을 보라. 서구사회의 전형적 편견과 맹점을 드러내는 문헌으로는 E. Randolph Richards and Brandon J. O'Brien, *Misreading Scripture with Western Eyes: Removing Cultural Blinders to Better Understand the Bible* (Downers Grove, IL: InterVarsity, 2012)을 보라.

15. 예를 들어, 의료 윤리학, 세계화, 도시화, 기술과 소셜 미디어 사용처럼 1세기에는 상상조차 할 수 없었으나 오늘날에는 성경적 답변을 요구하는 복잡한 문제에 관해 생각해 보라. 14번 주에서 나열한 해석학 문헌과 함께 다음 문헌을 보라. Gary T. Meadors, ed., *Four Views on Moving beyond the Bible to Theology* (Grand Rapids: Zondervan, 2009); Kevin J. Vanhoozer, "May We Go Beyond What Is Written after All? The Pattern of Theological Authority and the Problem of Doctrinal Development," in *The Enduring Authority of the Christian Scriptures*, ed. D. A. Carson (Grand Rapids: Eerdmans, 2016), 747-92; Craig Ott, "Maps, Improvisation, and Games: Retaining Biblical Authority in Local Theology," *Evangelical Quarterly* 89, no. 3 (2018): 190-208.

16. 예를 들어, 예배 언어, 의사소통 방식, 음악 스타일, 설교 길이와 구성, 지도자 선출, 교회 모임 시간과 장소, 전도 방법, 교육 방식, 의사 결정 과정, 교회 건축 양식 등을 생각해 보라. 성경은 이 모든 요소를 한데 정의하는 특정한 '문화'를 규정하지 않는다.

17. 상황화에 관한 유용하고 균형 잡힌 관점을 원한다면 다음 문헌을 보라. Dean Flemming, *Contextualization in the New Testament: Patterns for Theology and Mission* (Downers Grove, IL: InterVarsity, 2005); Darrell L. Whiteman, "Contextualization: The Theory, the Gap, the Challenge," *International Bulletin of Missionary Research* 21, no. 1 (January 1997): 2-7; A. Scott Moreau, *Contextualizing the Faith: A Holistic Approach* (Grand Rapids: Baker Academic, 2018); Timothy Keller, *Center Church: Doing Balanced, Gospel-Centered Ministry in Lour City* (Grand Rapids: Zondervan, 2012); Rose Dowsett, ed., *Global Mission: Reflections and Case Studies in Contextualization for the Whole Church* (Pasadena, CA: William Carey, 2011).

18. 덧붙이자면, 복음주의자들은 사회과학에 대한 두려움을 극복해야 한다. 사회학과 인류학, 심리학이 이념적으로 중립적인 학문은 아니지만, 우리가 섬기려는 사람들과 현시대를 이해하는 데 도움이 될 수 있다. 이 학문이 우리의 사역을 조작하고, 관리하고, 광고하는 수단이 되면 안 되지만, 우리가 섬기는 이들의 필요가 무엇인지 파악하고 복음을 통해 더 나은 세상을 만드는 사회적 변화를 일으키는 데 유익한 자원이 될 것이다.

다음 문헌을 보라. Paul G. Hiebert, "Critical Issues in the Social Sciences and Their Implications for Mission Studies," *Missiology* 24, no. 1 (1996): 65-82; Charles R. Taber, *To Understand the World, to Save the World: The Interface between Missiology and the Social Sciences* (Harrisburg, PA: Trinity Press International, 2000); Robert J. Priest, "Anthropology and Missiology: Reflections on the Relationship," in *Paradigm Shifts in Christian Witness: Insights from Anthropology, Communication, and Spiritual Power*, ed. Charles E. Van Engen, Darrell Whiteman, and J. Dudley Woodberry (Maryknoll, NY: Orbis, 2008), 23-32.

19. Marshall, *New Testament Theology* (Downers Grove, IL: InterVarsity, 2004), 34-35.

20. 선교적 성경 해석학에 관해서는 Michael W. Goheen, ed., *Reading the Bible Missionally* (Grand Rapids: Eerdmans, 2016)를 보라.

21. Wright, *The Mission of God: Unlocking the Bible's Grand Narrative* (Downers Grove, IL: InterVarsity, 2006), 122. 리처드 보컴은 이 부분을 확장해서 이렇게 표현한다. "선교적 성경 해석학은 성경에 나타난 선교라는 주제를 연구하는 데 그치지 않고 선교를 성경의 중심 관심사이자 목표로 삼아 성경 전체를 읽는 것이다." "Mission as Hermeneutic for Scriptural Interpretation," in Goheen, *Reading the Bible Missionally*, 28-44, 여기서는 28쪽을 보라.

다음은 선교적 성경 해석학을 이용한 성경신학의 예다. Wright, *Mission of God*; Richard Bauckham, *Bible and Mission: Christian Witness in a Postmodern World* (Grand Rapids: Baker, 2003); Michael W. Goheen, *A Light to the Nations: The Missional Church and the Biblical Story* (Grand Rapids: Baker Academic, 2011).

22. Guder, *Called to Witness: Doing Missional Theology* (Grand Rapids: Eerdmans, 2015), 14.

23. 참고, Ong, *Orality and Literacy: The Technologizing of the Word* (London: Methuen, 1982).

24. Vanhoozer, *The Drama of Doctrine: A Canonical Linguistic Approach to Christian Theology* (Louisville: Westminster John Knox, 2005), 22.

25. Vanhoozer, *Drama of Doctrine*, 22.

26. Vanhoozer, *Drama of Doctrine*, 32.

27. Vanhoozer, *Faith Speaking Understanding: Performing the Drama of Doctrine* (Louisville: Westminster John Knox, 2014), 3.

28. 즉흥 연기는 사람들이 생각하는 것처럼 사전 준비 없이 이루어지는 애드리브가 아니라 "앞서 진행된 내용을 기반으로 처음의 전제(예를 들면, 주제나 장면)를 창의적으로 이어 나가는 것이다." Vanhoozer, "May We Go beyond What Is Written after All?," 783.

29. 우리는 성경 전체, 성경의 모든 책을 염두에 두고 생각해야 한다.

4. 세상이 예측 못할 힘을 가진 교회

1. Chris Sugden, *Gospel, Culture, and Transformation* (Eugene, OR: Wipf & Stock, 2000), vii에 인용되었다. 다음 문헌을 보라. Vinay Samuel and Chris Sugden, eds, *Mission as Transformation: A Theology of the Whole Gospel* (Oxford: Regnum, 199).

2. 한 예로, 팀 켈러는 *Center Church: Doing Balanced, Gospel-Centered Ministry in Your City* (Grand Rapids: Zondervan: 2012)에서 다양한 관점을 통합하려고 시도했다. 이 주제와 관련된 방대한 문헌 중 James Davison Hunter, *To Change the World: The Irony, Tragedy, and Possibility of Christianity in the Late Modern World* (New York: Oxford University Press, 2010); H. Richard Niebuhr, *Christ and Culture* (New York: Harper & Row, 1956)를 보라.

3. 참고, Jonathan Leeman, "Soteriological Mission: Focusing In on the Mission of Redemption," in *Four Views on the Church's Mission*, ed. Jason Sexton (Grand Rapids: Zondervan, 2017), 17–45.

4. 그리스도인은 가정과 직장에서 선하게 행함으로, 지역사회 발전에 참여함으로, 지역 학교를 섬김으로, 교회와 관계 없는 자선 단체와 협력함으로 선한 영향력을 끼칠 수 있고 끼쳐야 한다. 물론 교회는 사회 참여에 몰두한 나머지 복음 전하는 일을 뒷전으로 미루면 안 된다. 그럼에도, 성도를 돕고 훈련해서 교회가 직접 영향력을 미치지 못하는 곳에서 성도가 빛과 소금의 역할을 감당할 수 있게 해야 한다. 교회는 사람들의 고통과 사회악을 보고도 잠잠하거나 수동적인 태도를 취해서는 안 된다. 가난한 자와 고통받는 자를 돌보고 사회 정의를 옹호하라는 명령을 개인 책임으로만 돌리면 안 된다. *Four Views on the Church's Mission*, 46–62, Leeman에게 답변한 내용을 보라.

5. Ulrich Luz, *Matthew 8-20: A Commentary on the Gospel of Matthew*, trans. Wilhelm C. Linss, Hermeneia (Minneapolis: Fortress, 2001), 261.

6. 예수님은 과학적, 식물학적 관점에서 말씀하신 것이 아니라, 겨자씨의 작음을 비유적으로 표현하신다. 이는 랍비 문헌을 비롯해서 여러 고대 문헌에서 자주 인용한 관용적 표현이다. 다음을 보라. Donald A. Hagner, *Matthew 1-13*, Word Biblical Commentary 33A (Dallas: Word Books, 1993), 386.

7. 두 번째 놀라운 점은 유대인은 누룩을 죄와 연관 지어 이해할 때가 더 많았다는 것이다 (예, 마 16:5-12; 고전 5:6-8; 갈 5:9). 세 번째 놀라운 점은 밀가루 양인데, 약 50킬로그램의 빵을 만들 수 있는 양이었기에 약 1.8킬로그램의 누룩이 필요했을 것이다. 이는 평범한 주부가 가족을 위해 만드는 양이 아니다. Luz, *Matthew 8-20*, 262.

8. 참고, Luz, *Matthew 8-20*, 262.

9. 마 13:19; 막 4:14; 눅 8:11; 골 1:5-6. 성장에 관해서는 사도행전 6장도 보라.

10. 노예 폐지 운동은 그리스도인이 정치적 영향력을 발휘한 역사적 사건이다. 그러나 그 운동도 인류의 존엄성과 인권에 관한 사람들의 일반적 인식을 바꾸지는 못했다.

11. 참고, Rodney Stark, *The Rise of Christianity: How the Obscure, Marginal Jesus Movement Became the Dominant Religious Force in the Western World in a Few Centuries* (San Francisco: HarperCollins, 1997).

12. 참고, Henry, *The Uneasy Conscience of Modern Fundamentalism* (Grand Rapids: Eerdmans, 1947).

13. Newbigin, *The Open Secret: An Introduction to the Theology of Mission*, rev. ed. (Grand Rapids: Eerdmans, 1978), 91-92.

14. 참고, 예를 들면, Larry Siedentop, *Inventing the Individual: The Origins of Western Liberalism* (Cambridge, MA: Belknap Press, 2014).

15. 참고, 예를 들면, Rodney Stark, *America's Blessings: How Religion Benefits Everyone, Including Atheists* (West Conshohocken, PA: Templeton, 2012).

16. 존 스토트는 이렇게 강조한다. "오늘날 교회와 세상의 구분을 모호하게 하고 모든 인류를 무분별하게 '하나님의 백성'이라고 부르는 것이 신학적으로 유행하는 시대에, 이 점을 분명히 밝히는 것이 중요하다." *Christian Counter-Culture: The Message of the Sermon on the Mount* (Downers Grove, IL: InterVarsity, 1978), 58.

17. 존 W. 올리(John W. Olley)는 이렇게 기록했다. "13절과 14절 모두 시작 부분에 강조된 '너희'(huméis)라는 표현이 눈에 띈다. 이 단어의 사용과 문장 내 위치는 당시 유대인 독자의 관심을 끌고 논쟁적인 의미로 들렸을 것이다. 이 세상의 빛과 소금이 ⋯ 율법이나 성전이나 이스라엘 백성이 아니라 ⋯ 예수님의 '제자들'이라고 말하기 때문이다 (Davies and Allison 1988: 471)." Olley, "You Are Light of the World': A Missiological Focus for the Sermon on the Mount in Matthew," *Mission Studies* 20, no. 1 (2003): 9-28, 특히 16. W. D. Davies and Dale C. Allison, *A Critical and Exegetical Commentary on the Gospel according to Saint*

Matthew, vol. 1, International Critical Commentary (Edinburgh: T&T Clark, 1988)을 인용했다.

18. 참고, Bonhoeffer, The Cost of Discipleship, rev. ed. (1937; repr., New York: Macmillan, 1963), 130-31.

19. August Tholuck, Commentary on the Sermon on the Mount (Edinburgh: T&T Clark, 1874; German original 1833), 167에 처음 등장한 단어일 것이다.

20. Thielicke, Life Can Begin Again: Sermons on the Sermon on the Mount (Philadelphia: Fortress, 1963), 28. 틸리케는 이렇게 덧붙인다. "자연 종교의 달콤한 신과 어울리는 것은 언제나 쉬운 일이었다. 하지만 교회와 설교 안에 '소금'이 존재한다면, 그에 대한 쓰디쓴 반작용이 일어날 수밖에 없다"(28).

21. D. A. Carson, Matthew, rev. ed., Expositor's Bible Commentary 9 (Grand Rapids: Zondervan, 2010), 169.

22. "이스라엘에서는 지금도 짠맛을 잃은 소금을 평평한 지붕 위에 흩뿌린다고 한다. 그렇게 하면 지붕의 흙이 단단해져 누수를 막기 때문이다. 지붕은 휴식터나 모임 장소로 사용되므로, 소금은 사람들의 발에 밟히고 있다." Carson, Matthew, 169.

23. 레베카 맨리 피펏(Rebecca Manley Pippert)은 이 문구를 제목에 넣은 전도에 관한 베스트셀러, Out of the Saltshaker and into the World (Downers Grove, IL: InterVarsity, 1979)를 썼다.

24. Bonhoeffer, Cost of Discipleship, 131.

25. Betz, The Sermon on the Mount: A Commentary on the Sermon on the Mount, Including the Sermon on the Plain (Matthew 5:3-7:27 and Luke 6:20-49), ed. Adela Yarbro Collins, Hermeneia (Minneapolis: Fortress, 1995), 158.

26. 알렉산드리아의 디오니시오스 주교가 206년에 남긴 유명한 인용문은 극심한 역병이 돌 때 그리스도인들이 보여 준 희생적 사랑을 묘사한다. "성도 대부분은 서로를 돕는 데 자신을 아끼지 않고, 위험을 개의치 않고 병든 자를 돌보며, 병에 전염되어서도 기꺼이 기쁨으로 세상을 떠났다. 다른 이들을 간호하며 다른 이들이 건강을 회복하도록 돕다가 자신은 목숨을 잃고 말았다. 다른 이들의 죽음을 대신 감당한 것이다. 그리스도를 믿지 않는 사람들은 정반대였다. 역병 초기 증상을 보이는 사람들을 가차 없이 밀쳐냈고, 가장 사랑하는 사람들조차 외면했다. 반쯤 죽어 가는 사람을 길거리에 버리기도 했다." Paul L. Maier, Eusebius: The Church History; A New Translation with Commentary (Grand Rapids: Kregel, 1999), 269에서 발췌했다. 낙태를 반대한 초기 기독교인에 내해서는 다음 문헌을 보라. Michael J. Gorman, Abortion and the Early Church: Christian, Jewish and Pagan Attitudes in the Greco-Roman World (Downers Grove, IL: Inter Varsity, 1982); Ronald J. Sider, The Early Church on Killing: A Comprehensive Sourcebook on War, Abortion, and Capital Punishment (Grand Rapids: Baker Academic, 2012).

27. 교회와 달리 이스라엘은 국가적 실체였다는 사실이 이 선언의 전제가 되는 근본적 윤리를 무효로 만들지는 않는다. 인간을 다루시는 하나님의 체제는 변할 수 있으나 하나님의 성품은 변하지 않는다.

28. 참고, Olley, "You Are Light of the World,'" 19–21.

29. Carson, *Matthew*, 170.

30. Stott, *Christian Counter-Culture*, 61.

31. Olley, "You Are Light of the World,'" 16.

32. Chester, "Let There Be Light," in *Multiplying Churches: Reaching Today's Communities through Church Planting*, ed. Stephen Timmis (Fearn, Ross-Shire, UK: Christian Focus, 2000), 38.

33. 동일한 이유로 나도 무신론을 버리고 그리스도를 믿는 자가 되었다.

5. 경계를 지우고 포용하는 교회

1. 헬라어 에스네(ethnē)는 영어 성경에서 문맥에 따라 "이방인들"(gentiles) 혹은 "열방"(nations)으로 번역되는데, 이스라엘을 제외한 모든 민족을 이방으로 인식했기 때문이다.

2. 더 자세한 내용은 다음을 보라. Craig Ott and Stephen J. Strauss, "God and the Nations in the Old Testament," chap. 1 in *Encountering Theology of Mission: Biblical Foundations, Historical Developments, and Contemporary Issues* (Grand Rapids: Baker Academic, 2010).

3. 다음 자료에서 킹(King)의 발언을 보라. *Meet the Press* on April 17, 1960: "The Most Segregated Hour in America – Martin Luther King Jr.," YouTube, April 29, 2014, https://youtu.be/1q881g1L_d8. Michael O. Emerson and Christian Smith, *Divided by Faith: Evangelical Religion and the Problem of Race in America* (Oxford: Oxford University Press, 2000).

4. 교회는 복음서 마지막에 기록된 예수님의 명령 때문에 열방에 복음을 전하는 것만은 아니다. 성경 전체에 계시된 하나님의 열방 선교의 흐름을 이어 가기 위해서다. 게오르크 F. 비체돔(Georg F. Vicedom)의 말을 빌리면, "열방을 향한 선교는 예수님이 대위임령을 주지 않으셨더라도 마땅히 해야 할 일이다." *The Mission of God: An Introduction to a Theology of Mission* (St. Louis: Concordia, 1965), 38.

5. 요세푸스(Josephus)는 사마리아인을 북왕국 지역으로 이주해 온 이민자이자 비유대인, 유대교 신앙과 이교도 신앙 체계를 혼합한 혼합주의자(syncretists)로 설명하곤 한다. V. J. Samkutty, *The Samaritan Mission in Acts*, Library of New Testament Studies 328 (New York: T&T Clark, 2006)의 논의를 보라.

6. 70인역 성서(Septuagint) 시편은 약간 다른 단어를 사용하지만, 이사야에서는 사도행전 1:8에서 사용한 것과 정확히 같은 구절인 eschatou tēs gēs(에스카투 테스 게스)로 기록한다.

7. 고넬료가 하나님을 경외하는 사람이기는 했지만(행 10:2), 백부장으로서 로마 황제 카

이사르를 숭배하고 맹세를 선서하는 로마 종교 관행에 참여할 의무가 있었다. 로마 군대에서 종교 생활은 중요했고 그들은 다양한 신을 예배하고 숭배했다. 다음을 보라. Wendy J. Corter, "Cornelius, the Roman Army and Religion," in *Religious Rivalries and the Struggle for Success in Caesarea Maritima*, ed. Terence L. Donaldson, Studies in Christianity and Judaism 8 (Waterloo, ON: Wilfrid Laurier University Press, 2000), 279–301.

8. 안디옥의 오론테스강(Orontes)에서 로마의 티베르강(Tiber)으로 도덕적 오물이 흘러 들어간다는 속담이 있을 정도였다. F. F. Bruce, *Commentary on the Book of Acts*, New International Commentary on the New Testament (Grand Rapids: Eerdmans, 1954), 238.

9. Wilson, "The Depiction of Church Growth in Acts," *Journal of the Evangelical Theological Society* 60, no. 2 (June 2017): 317–32. 여기서는 326쪽을 보라.

10. Piper, *Let the Nations Be Glad! The Supremacy of God in Missions* (Grand Rapids: Baker, 1993), 222.

11. 여호수아 프로젝트(The Joshua Project)는 세계 인구의 약 41퍼센트가 미전도 종족이라고 추산한다. 여기서 "종족"(people group)은 "교회 개척 운동으로 복음이 확산될 수 있는 가장 큰 집단으로, 이해나 수용의 장벽에 부딪히지 않고 복음을 전할 수 있는 집단"을 의미한다. 미전도 종족은 "외부 도움 없이는 집단 내 사람들에게 복음을 전할 수 있는 충분한 성도와 자원을 가진 토착 기독교 공동체가 없는" 경우인데, 일반적으로 기독교인 수가 인구의 2퍼센트 미만일 때를 말한다(www.joshuaproject.net). 그러나 이러한 통계 수치는 확인하기 어렵고 정의가 다양하며, 많은 선교학자가 이러한 선교 전략 접근 방식의 타당성에 의문을 제기하고 있다. 참고, Peter T. Lee and James Sung-Hwan Park, "Beyond People Group Thinking: A Critical Reevaluation of Unreached People Groups," *Missiology* 46, no. 3 (2018): 212–25.

12. 미국에서 흔히 볼 수 있는 하위문화권의 예로는, 이민자 공동체, 고트족(Goths), 재즈 음악가, 오토바이 동호인, 거리 갱단, 학자 집단, 성소수자 공동체 등이 있다. 이들은 주류 문화 속에서 살아가지만 주류 문화와는 구별되는 하위문화로서 독특한 생활 방식을 영위하고, 그들만의 은어와 가치관을 고수한다. 그들은 종종 주류사회에서 소외되거나 배제되며, 외부인에게 오해받기도 하고, 기성 종교와 관련해서 부정적인 경험을 하기도 한다.

13. 참고, William H. Frey, *Diversity Explosion: How New Racial Demographics Are Remaking America* (Washington, DC: Brookings Institution, 2015). 하지만 이런 예측은 다소 문제가 있다. 소수 민족 간의 국제결혼, 문화적 혼종성 같은 요인들은 시간이 지남에 따라 민족적 정체성의 엄격한 구분에 의문을 제기한다.

14. Volf, *Exclusion and Embrace: A Theological Exploration of Identity, Otherness, and Reconciliation* (Nashville: Abingdon, 1996), 40.

15. 이는 유대인들이 이방인, 노예, 여성으로 태어나지 않았기에 종교적 특권을 누릴 수 있다고 감사 기도를 했던 관습이 뒤집힌 것을 반영할지 모른다. 참고, F. F. Bruce, *The*

Epistle to the Galatians: A Commentary on the Greek Text, New International Greek Testament Commentary (Grand Rapids: Eerdmans, 1982), 187.

16. '그리스인'은 '이방인'과 완전히 동일시되지는 않는다. 헬라파 유대인(그리스 민족뿐 아니라 그리스의 언어와 문화를 받아들인 사람들)과 유대인 사이에는 특정한 긴장 상태가 지속되었다. 기원전 1세기 후반에 그들 사이에 갈등과 박해가 격화된 적이 있다. 야만인(Barbarians)과 스키타이인(Scythians)은 그리스인과는 다른 미개한 종족으로 여겨졌을 것이다. 참고, Christopher D. Stanley, "'Neither Jew nor Greek': Ethnic Conflict in Graeco-Roman Society," *Journal for the Study of the New Testament* 64 (December 1996): 101-24.

17. Stanley, "'Neither Jew nor Greek,'" 123.

18. 에크하르트 J. 슈나벨은 그리스인과 로마인이 스키타이인을 "거칠고 야만적이며 외국인을 해치고 물을 타지 않은 포도주를 마시는 사람"으로 여겼다고 기록한다. *Early Christian Mission* (Downers Grove, IL: InterVarsity, 2004), 1:907.

19. 교회 내 다민족성에 관한 신학적 관점은 David E. Stevens, *God's New Humanity: A Biblical Theology of Multiethnicity for the Church* (Eugene, OR: Wipf & Stock, 2012)를 보라.

20. 라이프웨이(LifeWay) 2014년 연구 결과에 따르면, 미국 교회 회중의 약 86퍼센트가 단일민족으로 구성되어 있다. 절반에 달하는 미국 교인이 교회 내 인종 분리 현상을 체감하고 있으며, 그중 40퍼센트만이 교회가 민족적으로 더 다양해져야 한다고 믿고, 67퍼센트는 교회가 이미 다양성을 늘리기 위해 충분히 시도했다고 믿는다. Bob Smietana, "Sunday Morning in America Still Segregated—and That's OK with Worshipers," Life Way Research, January 15, 2015, https://lifewayresearch.com/2015/01/15/sunday-morning-in-america-still-segregated-and-thats-ok-with-worshipers.

21. Ferdinando, "The Ethnic Enemy–No Greek or Jew ⋯ Barbarian, Scythian: The Gospel and Ethnic Difference," *Themelios* 33, no. 2 (September 2008): 48-63. 여기에서는 56쪽을 보라.

22. 미국 남부 교회의 인종 차별이나, 동유럽에서 이전에 집시라고 불렸던 사람들이 기독교로 개종했지만 교회에서 환영받지 못하는 경우 등 수많은 사례가 있었다. 참고, Iain Stewart, "Reaching an Oppressed Minority Group," in "The Realities of the Changing Expressions of the Church," *Lausanne Occasional Paper* 43, October 13, 2004, https://www.lausanne.org/content/lop/realities-changing-expressions-church-lop-43.

23. 교회 성장과 세계 복음화를 위해 문화적으로 동질한 사람들로 구성된 교회를 개척하는 일이 필요하다는 "동일 집단 원리"(homogeneous unity principle)가 있다. 지면 관계상, 이 원리에 관한 오랜 논쟁을 다 다룰 수는 없다. 안타깝게도, 이런 논쟁은 서로에 대한 오해로 점철되기도 한다. "The Pasadena Consultation: Homogeneous Unit Principle," *Lausanne Occasional Paper* 1, June 2, 1977, https://www.lausanne.org/content/lop/lop-1. 이 문서는 다양한 입장을 조화시키려는 시도를 다룬다.

24. 참고, Cole Brown, "3 Concerns about Pursuing Multi-Ethnic Churches," The Gospel

Coalition, September 13, 2017, https://www.thegospelcoalition.org/article/3-concerns-about-pursuing-multi-ethnic-churches.

25. 다인종 교회가 겪는 어려움에 관해서는 다음을 보라. Michael O. Emerson and Rodney M. Woo, *People of the Dream: Multiracial Congregations in the United States* (Princeton: Princeton University Press, 2008). 다문화 교회로 변화되기 위한 지침을 원하면 다음을 보라. Douglas J. Brouwer, *How to Become a Multicultural Church* (Grand Rapids: Eerdmans, 2017); Mark De Ymaz, *Building a Healthy Multi-ethnic Church: Mandate, Commitments, and Practices of a Diverse Congregation* (San Francisco: Jossey-Bass, 2007); Mark DeYmaz and Harry Li, *Leading a Healthy Multi-ethnic Church: Seven Common Challenges and How to Overcome Them* (Grand Rapids: Zondervan, 2010); David A. Anderson, *Multicultural Ministry: Finding Your Church's Unique Rhythm* (Grand Rapids: Zondervan, 2004); Alvin Sanders, *Bridging the Diversity Gap: Leading toward God's Multi-ethnic Kingdom* (Indianapolis: Wesleyan Publishing House, 2013).

26. 대부분의 영어 번역본에서는 헬라어 하르마(harma)를 "전차/마차"로 번역했지만, 군용 마차보다는 수레나 소가 끄는 마차를 뜻하는 것으로 보인다. Ben Witherington III, *The Acts of the Apostles: A Socio-Rhetorical Commentary* (Grand Rapids: Eerdmans, 1998), 297.

27. 스콧 샤프(Scott Shauf)는 사도행전의 더 큰 맥락을 고려할 때, 복음이 땅끝까지 전해지는 것이 이 이야기의 주목적이라고 주장한다. "Locating the Eunuch: Characterization and Narrative Context in Acts 8:26-40," *Catholic Biblical Quarterly* 71, no. 4 (October 2009): 762-75.

28. 간다게 여왕은 누비아 왕국을 다스렸다. 이 왕국의 수도는 메로에(Meroe)로, 오늘날 수단과 남수단에 위치한다. 고대 에티오피아는 지금 에티오피아와는 다른 곳이다 (Schnabel, *Early Christian Mission*, 1:682-83).

29. 위더링턴(Witherington)은 이렇게 언급한다. "이 남성이 에티오피아인이었다는 사실을, 즉 흑인이었으리라는 사실을 간과해서는 안 된다. 누가는 이 사실을 강조하고자 했는데, 복음이 다양한 인종에게 전해졌음을 보여 주려는 그의 목적에 부합했기 때문이다." 그러나 그는 고대 세계에서 피부색에 광범위한 편견이 있었는지에 관한 증거가 없다는 점에도 주목한다. *Acts of the Apostles*, 295. 에티오피아인이 어두운 피부색을 가졌다는 점에 관해서는 다음을 보라. Schnabel, *Early Christian Mission*, 1:682.

30. 그의 생식기는 손상되거나 거세된 상태였는데 관리의 거세는 고대 근동에서 흔한 일이었다. Witherington, *Acts of the Apostles*, 296.

31. Schnabel, *Early Christian Mission*, 1:684.

32. Flavius Josephus, *Antiquities of the Jews* 4.8.40, trans. William Whiston, https://www.gutenberg.org/files/2848/2848-h/2848-h.htm.

33. Philo, *Special Laws* 1.324, in Philo, *On the Decalogue; On the Special Laws, Books 1-3*, trans. F. H. Colson, Loeb Classical Library 320 (Cambridge, MA: Harvard University Press, 1937), 289.

34. Lucian of Samosata, *The Eunuch* 6-11, in Lucian, *The Passing of Peregrinus; The Runaways; Toxaris or Friendship; The Dance; Lexiphanes; The Eunuch; Astrology; The Mistaken Critic; The Parliament of the Gods; The Tyrannicide; Disowned*, trans. A. M. Harmon, Loeb Classical Library 302 (Cambridge, MA: Harvard University Press, 1936), 337. F. Scott Spencer, "The Ethiopian Eunuch and His Bible: A Social-Science Analysis," *Biblical Theology Bulletin* 22, no. 4 (Winter 1992): 155-65.

35. 유대교 역사학자 필론(Philo)은 성스러운 장소에 환관의 출입을 금지한 관행이 1세기에 있었다고 말한다. Philo, *Special Laws* 1.324, in Philo, *On the Decalogue*, 289.

36. Spencer, "Ethiopian Eunuch and His Bible," 157.

37. 돈 바꾸는 행위 자체가 예수님의 분노를 샀다기보다는, 환전 장소로 이방인이 예배할 수 있는 성전 뜰을 사용하여 예배 장소를 빼앗았기 때문일 것이다. 이 견해에 대해서는 Howard Marshall, *The Gospel of Luke: A Commentary on the Greek Text*, New International Greek Testament Commentary (Grand Rapids: Eerdmans, 1978), 719-21를 보라.

38. Homer, "Now Neptune had gone off to the Ethiopians, who are at the world's end." *Odyssey*, book 1, trans. Samuel Butler, Internet Classics Archive, http://classics.mit.edu//Homer/odyssey.html. Witherington, *Acts of the Apostles*, 290에 언급된 추가적인 고대 자료를 참고하라.

39. Irenaeus, *Against Heresies* 13, in *The Ante-Nicene Fathers*, ed. Alexander Roberts and James Donaldson (New York: Scribner, 1903), 1:443.

40. Paul L. Maier, *Eusebius: The Church History; A New Translation with Commentary* (Grand Rapids: Kregel, 1999), 59에 인용된 Eusebius, *Church History* 2.1.13.

41. 히브리어 성경에서 이 구절들은 구스 땅(히브리어 kūš)을 언급하는데, 이는 누비아를 포함한 이집트 남쪽 지역이며, 오늘날의 에티오피아는 해당하지 않는 것으로 보인다. 70인역 성서는 구스(kūš)를 "에티오피아"(Ethiopia, 헬라어 Aithiopia)로 번역한다.

42. Witherington, *Acts of the Apostles*, 301.

6. 끝없이 확장되는 하나님의 교회

1. 참고, Craig Ott and Gene Wilson, *Global Church Planting: Biblical Principles and Best Practices for Multiplication* (Grand Rapids: Baker Academic, 2011); Bob Roberts, *The Multiplying Church: The New Math for Starting New Churches* (Grand Rapids: Zondervan, 2008); Stephen Timmis, ed., *Mutiplying*

Churches: Reaching Today's Communities through Church Planting (Fearn, Ross-Shire, UK: Christian Focus, 2000); George Patterson and Richard Scoggins, *Church Multiplication Guide: The Miracle of Church Reproduction* (Pasadena, CA: William Carey, 2002).

2. 히브리어 pĕrû ûrĕbû(페루 우레부; "생육하고 번성하라"). 이와 유사한 표현이 구약에 14회 등장한다. 70인역 성서는 이를 auxanesthe kai plēthynesthe(아욱사네스테 카이 플레튀네스테)로 번역했다. 일반적으로 히브리어 prh(파라)는 "열매를 맺다, 결실하다"로 번역된다. 70인역 성서에서는 auxanō(악사노)를 사용하는데, 일반적으로 "자라다, 증가하다"를 뜻한다. 이 문맥에서 "수가 많아지다"(become much, many, great)를 의미하는 히브리어 rbh(라바)는 대다수 영어 판본에서 "multiply"(번성하다, 수가 많아지다, 배가되다)로 번역되고, 70인역 성서에서는 plēthynō(플레티노)로 번역했다.

3. 제롬 코델(Jerome Kodell)은 비유에서 말하는 번성이 일차적으로 개인의 성장임을 인지하면서도, "사도행전의 요약 구절(6:7; 12:24; 19:20)에서 하나님 말씀이 번성하는 방식은 씨 뿌리는 자 비유와 그 비유가 위치한 성경적 전통을 묵상한 결과로 누가가 묘사한 것이다. 초기 그리스도인 공동체의 번성은 누가가 보기에 말씀이 좋은 땅에 떨어져 열매를 맺고 있다는 확실한 증거였다(눅 8:15)"라고 주목한다. "'The Word of God Grew': The Ecclesial Tendency of *Logos* in Acts 6, 7; 12, 24; 19, 20," *Biblica* 55, no. 4 (1974): 505-19. 특히 517을 보라.

4. 이것을 마태는 "하늘나라에 대한 말씀"으로(13:19), 마가는 "말씀"으로 지칭했다(4:14).

5. Craig S. Keener, *The Gospel of Matthew: A Socio-Rhetorical Commentary* (Grand Rapids: Eerdmans, 2009), 377. 이 비유의 적용을 강조한다.

6. Nolland, *Luke 1-9:20*, Word Biblical Commentary 35A (Dallas: Word, 1989), 376.

7. 팀 켈러는 상황화를 "사람들이 **삶에 관해 던지는 질문**에 대해 어쩌면 그들이 전혀 듣고 싶지 않을지도 모르는 **성경적인 답**을, 그들이 이해할 수 있는 **언어와 형식으로**, 그들이 거부할지라도 그들에게 체감될 수 있는 **호소력과 논증으로** 제시하는 것"이라고 정의한다. *Center Church: Doing Balanced, Gospel-Centered Ministry in Your City* (Grand Rapids: Zondervan, 2012), 111 (원문 강조).

8. 크레이그 A. 에반스(Craig A. Evans)는 이사야와 씨 뿌리는 자 비유의 연관성을 논한다. "이사야와 마가복음 4장의 공통 주제는 하나님 말씀의 효능(efficacy of God's word)으로, 하나님의 말씀은 목적을 스스로 성취하며 이는 이사야 55:10-11과 씨 뿌리는 자 비유에서 드러난다." "On the Isaianic Background of the Sower Parable," *Catholic Biblical Quarterly* 47, no. 3 (July 1985): 464-68, 여기서는 467쪽을 보라.

9. 참고, Paul Zingg, *Das Wachsen der Kirche: Beiträge zur Frage der lukanischen Redaktion und Theologie*, Orbis biblicus et orientalis 3 (Freiburg, Switzerland: Universitätsverlag; Göttingen: Vandenhoeck & Ruprecht, 1974), 21-23, 28.

10. 사도행전에 기록된 교회 성장과 이 비유들 사이의 관계에 관해서는 다음을 보라.

Wolfgang Reinhardt, *Das Wachstum des Gottesvolkes: Untersuchungen zum Gemeindewachstum im lukanischen Doppelwerk auf dem Hintergrund des Alten Testaments* (Göttingen: Vandenhoeck & Ruprecht, 1995).

11. "땅끝까지" 표현에 관해서는 5장을 보라. 지면 관계상, 능력 있는 복음 전도와 말씀 선포, 기사와 이적, 선교사 소명 및 파송 등을 통해 복음이 확산되는 사도행전의 과정에서 성령 사역의 중심성을 다 논하기는 어렵다.

12. 참고, Zingg, *Das Wachsen der Kirche*, 29.

13. 많은 주석가가 이러한 연관성을 발견했다. 예를 들어, 벤저민 R. 윌슨(Benjamin R. Wilson)은 이렇게 정리한다. "사도행전의 교회 성장 요약 구절에 등장하는 악사노(αὐξάνω [auxanō])와 플레티노(πληθύνω[plēthynō])는 어느 정도 종말론적 성취의 어조를 띤다. 이는 자기 백성을 번성하게 하신다는 하나님의 약속이 기독교 운동 발전으로 성취되고 있음을 의미한다. "The Depiction of Church Growth in Acts," *Journal of the Evangelical Theological Society* 60, no. 2 (June 2017): 317-32, 특히 322. 코델(Kodell)은 이 단어를 분석해서 이런 결론을 내렸다. "따라서 아욱사네인(Αὐξάνειν[auxanein]) - 플레튀네인(πληθύνειν[plēthynein])의 복합어는 하나님의 언약 백성이 번영하고 확장되리라는 약속이 실현될 것을 보여 주는 70인역 성서의 용법이다. 누가는 신약 시대 하나님의 백성이 성장하고 확장되는 모습을 보여 주기 위해 70인역 성서에서 이 신학적 공식을 차용한다. "The Word of God Grew,'" 511.

14. Reinhardt, *Das Wachstum des Gottesvolkes*, 52-54. 라인하르트는 이 단어들이 결합된 형태로든 개별적으로든 사도행전에서 언제나 제자들(disciples)이나 말씀(logos)을 지칭하는 데 사용되었다고 지적한다.

15. Wilson, "Depiction of Church Growth in Acts," 320.

16. 칭(Zingg)은 누가복음에서 사도행전으로 이어지는 과정에서 누가가 의도적으로 영향력을 확대하고 확장하는 상황을 제시한다고 본다. *Das Wachsen der Kirche*, 22.

17. 성장과 번성(혹은 결실)에 관한 설명은 구약과 신약에서 모두 통치(dominion)의 표적인데, 구약에서는 조금 더 자연 세계 통치를, 신약에서는 조금 더 영적인 세계 통치를 강조한다. 하나님은 자연 세계를 창조하시고 새롭게 창조하시는 것처럼 온 땅에 영적인 세계 또한 창조하시며 다시금 새롭게 창조하신다. 이러한 통찰력을 제공해 준 로슨 영거(Lawson Younger)와 다나 해리스(Dana Harris)에게 감사드린다.

18. 에크하르트 J. 슈나벨은 에베소에서 주변 지역으로 "방사선 효과"(radiation effect)가 있었다는 생각에 반박한다. *Paul the Missionary: Realities, Strategies, and Methods* (Downers Grove, IL: IVP Academic, 2008), 284-85. 그러나 사도행전 19:10은 에베소에서 바울이 가르친 일과 주변 지역 복음 전파 사이에 인과적 관계가 있음을 접속사 호스테(hōste, so that[그리하여])를 사용해서 직접 드러낸다. 대다수 주석 학자들은 복음이 바울의 동역자를 통해 에베소에서 그 지역으로 퍼져 나갔음에 동의한다. Craig S. Keener, *Acts: An*

Exegetical Commentary (Grand Rapids: Baker Academic, 2014), 3:2835–38; F. F. Bruce, *The Acts of the Apostles* (Grand Rapids: Eerdmans, 1952), 356; Ben Witherington III, *The Acts of the Apostles: A Socio-Rhetorical Commentary* (Grand Rapids: Eerdmans, 1998), 576; Reinhardt, *Das Wachstum des Gottesvolkes*, 277.

19. 로마의 속주 일리리쿰(Illyricum)은 아드리아해 동쪽 지역으로, 오늘날의 알바니아, 몬테네그로, 보스니아 헤르체고비나, 크로아티아에 해당한다.

20. Dunn, *Romans 9-16*, Word Biblical Commentary 38B (Dallas: Word, 1988), 869. Douglas J. Moo, *The Epistle to the Romans*, New International Commentary on the New Testament (Grand Rapids: Eerdmans, 1996), 895–96에서 이 해석에 관한 논의를 보라. 더글러스 무(Douglas J. Moo)는 존 녹스(John Knox)가 바울에 관해 한 말을 인용한다. "바울은 예루살렘에서부터 일리리쿰에 이르러 복음 전파를 완수했다고 말했는데, 이렇게 말한 이유는 소아시아와 그리스 반도를 가로지르는 북쪽과 서쪽의 민족들에게 복음이 선포되고 교회가 세워졌기 때문이다. '선포되었다'는 것은 충분히 널리 퍼졌음을, '세워졌다'는 것은 그리스도의 이름이 국경 안팎에서 들릴 수 있을 만큼 굳건히 뿌리내렸다는 의미다." Knox, "Romans 15:14-33 and Paul's Conception of His Apostolic Mission," *Journal of Biblical Literature* 83, no. 1 (March 1964): 1–11. 여기서는 3쪽을 보라.

21. Rodney Stark, *The Rise of Christianity: How the Obscure, Marginal Jesus Movement Became the Dominant Religious Force in the Western World in a Few Centuries* (San Francisco: HarperCollins, 1997), 7. 이 문헌에서는 기독교 성장의 실제적 추정치를 다음과 같이 제시한다.

AD 100: 7,530

AD 150: 40,496

AD 200: 217,795

AD 300: 6,299,832

22. 이 학자들의 견해는 Reinhard, *Das Wachstum des Gottesvolkes*, 18–26을 참고하라. 데이비드 W. 파오(David W. Pao)는 이 구절들 중 세 구절이 사도행전 6:7에 나오는 '이사야적 새 출애굽'(Isaianic New Exodus) 주제의 일부로서 "말씀의 정복"(conquest of the word)이라고 주장한다. 사도행전 12:24에서 예루살렘에서 '정복'이 완성되었다는 것은 유대와 사마리아에서 말씀의 정복이 완료되었음을, 사도행전 19:20에서는 이방인의 세계에서 말씀의 정복이 완료되었음을 보여 준다. *Acts and the Isaianic New Exodus*, Biblical Studies Library (Grand Rapids: Baker Academic, 2000), 152–55.

23. Pao, *Acts and the Isaianic New Exodus*, 169–70.

24. 참고, 리처드 예이츠 히버트(Richard Yates Hibbert)의 사례 연구 "Why Do They Leave? An Ethnographic Investigation of Defection from Turkish-Speaking Roma Churches in Bulgaria," *Missiology* 41, no. 3 (July 2013): 315–28을 보라.

25. Schnabel, *Paul the Missionary*, 255.

26. 〈바울이 개척한 교회와 그 교회가 배출한 동역자〉

교회	동역자	본문
루스드라	디모데	행 16:1
더베	가이오	행 20:4
데살로니가	아리스다고, 세군도	행 20:4; 27:2
베뢰아	소바더	행 20:4
고린도	브리스길라, 아굴라, 스데바나, 에라스도, 아가이고*, 브드나도*	행 18:1-2; 롬 16:23; 고전 16:15-17
에베소	아볼로, 드로비모, 두기고	행 18:24; 20:4; 21:29
골로새	오네시모, 에바브라, 아킵보*	골 4:9, 12, 17
빌립보	에바브로디도	빌 2:25; 4:18
겐그레아	뵈뵈	롬 16: 1

* 출생지가 다소 불확실함.

27. 참고, 사도행전 14:23; 20:17-35. 크레타 사역은 각 성에 장로들이 세워지기 전까지 끝나지 않은 것으로 여겨졌다(딛 1:5).

28. 교회를 어디에 개척해야 하는지, 교회 개척과 기존 교회 사이의 관계는 어떠해야 하는지에 대한 논의는 Ott and Wilson, *Global Church Planting*, 37, 171-77을 보라.

부록

스터디 가이드

사명 선언문이나 목적 선언문이 조직의 존재 이유와 목표를 설명하는 것처럼, 성경도 하나님이 그분의 백성인 교회에 주신 목적과 사명을 정의한다. 교회의 선교 선언문은 "교회는 이 세상의 모든 사람 가운데 변혁적 교회를 확장해 나감으로써 하나님께 영광을 돌리기 위해 존재한다"라는 것이다.

우리는 이 책에서 선교 선언문의 각 요소를 성경에 근거해 고찰하고 신학적으로 확인한 후에 교회 생활과 사역에 미치는 영향을 살펴보았다. 이 스터디 가이드는 교회 지도자와 사역 팀, 토론 그룹들이 자신의 사명을 깊이 이해하고 하나님의 목적대로 사역할 수 있도록 돕기 위한 것이다. 각 질문은 지역 교회 사역에 초점을 맞췄지만, 선교팀과 선교 단체도 충분히 사용할 수 있다. 교회가 선교 소명을 감당하려고 할 때 나는 어떤 역할을 맡을 수 있을지 생각해 볼 기회가 될 것이다.

여기서는 이 책의 장별로 실천할 내용을 생각해 보도록 구성했고, 각 장의 핵심을 요약하는 마무리 토론도 제공한다. 토론에 참여하기 전에 각 장을 미리 읽어 오기 바란다. 모임 한 번만으로는 각 장의 질문을 다 다룰 수 없을 것이다. 인도자는 중요하게 생각되는 질문에 집중하거나, 각 장을 두 번으로 나누어 진행

할 수도 있다.

참가자는 각 장을 읽으면서 깨달은 점, 동의하거나 동의하지 않는 부분, 더 자세히 알고 싶은 내용을 적어 두기 바란다. 우선 성경을 묵상하고 깨달은 것을 나누면서 모임을 시작하라.

하나님의 인도하심과 영감을 구하는 기도로 모임을 시작하고 또 마치기를 바란다. 한 주제에 대해 다양한 의견이 있을 수 있다. 견해 차이는 서로에 대한 존중과 겸손, 열린 마음만 있다면 새로운 깨달음을 얻는 기회가 된다. 익숙하던 사고방식에 도전받으면 불편할 수 있지만, 변화를 일으키시는 하나님 말씀의 능력도 그때 경험한다. 교회와 사역 단체가 선교적 사명을 효과적으로 이행하려면 성경에 근거해서 우선순위를 재점검해야 한다.

교회는 "세상 바깥으로 부름을 받고, 세상 가운데 거하게 되었으며, 세상으로 보내진 하나님의 백성"이다. 교회는 흩어지기 위해 모이고, 성장하기 위해 세상으로 가고, 예수님을 위해 보냄받기 위해 예수님과 함께 있도록 부르심받은 하나님의 선교사, 하나님의 백성이다(막 3:14; 이 책 16쪽). 이 스터디 가이드가 개인과 지역 교회와 사역 팀이 하나님의 부르심에 깊이 감사하고 하나님의 선교사로 헌신하는 데 도움이 되기를 소망한다.

1. 교회는 하나님의 선교사

성경 묵상: 고린도후서 3:12-18

1. 1장을 읽고 다음 질문을 생각해 보세요.

   • 새롭게 깨달은 점은 무엇인가요?

   • 특히 동의하는 내용과 동의하지 않는 내용은 각각 무엇인가요?

   • 더 자세히 알고 싶거나 명확히 하고 싶은 사항은 무엇인가요?

2. 이번 모임에서는 교회를 향한 하나님의 목적, 곧 "교회는 모든 사람 가운데 변혁적 교회를 확장해 나감으로써 하나님께 영광을 돌리기 위해 존재한다"라는 선언의 성경적 의미를 알아봅니다.

- 여러분의 교회 혹은 선교 단체에 사명 선언문이 있나요?

____

____

- 선언문이 있다면, 그 내용은 무엇인가요? 위의 선언문과 비교할 때 차이점은 무엇인가요?

____

____

- 선언문이 없다면, 여러분의 교회에 대해 알고 있는 사실을 바탕으로 사명 선언문을 작성해 보세요.

____

____

3. 고린도후서 3장 17-18절은 변화를 설명하는 신약 성경 핵심 구절입니다(이 책 25-31쪽).

- 하나님의 영광을 바라볼 때 개인의 변화가 가능한 이유는 무엇인가요?(자기 경험을 떠올리며 구체적인 예를 들어 보세요.)

____

____

- 우리가 변화될 때 하나님은 어떻게 영광 받으시나요?

___

4. 교회는 하나님의 선교사인 하나님의 백성으로, 흩어지기 위해 모이고, 성장하기 위해 세상으로 가고, 예수님을 위해 보냄받기 위해 예수님과 함께 있도록 부르심받은 자들입니다(막 3:14; 이 책 32-35쪽).

- 예배, 교제, 양육을 위해 성도를 모으는 교회 역할, 그리고 지역 사회와 세상에서 빛과 소금의 역할을 하도록 성도를 보내는 교회 역할, 이 두 가지 역할은 서로 어떻게 관련되나요?

___

- 여러분 교회의 '성장'과 '선교' 사이의 균형은 어떠한가요?

___

- "교회는 선교사를 파송할 뿐 아니라 교회 자체가 하나님의 선교사이기도 하다"라는 말이 있습니다. 이 말에 동의하나요? 이 말의 의미는 무엇일까요?

___

5. 1장은 하나님의 영광이 교회 선교의 원천이자 목적이라고 설명합니다.

- 예배는 어떤 방식으로 선교의 동력이자 목적이 될 수 있나요?(이 책 32-33쪽)

____

____

- 전도, 제자 훈련, 긍휼 사역, 사회 활동 등 교회 사역은 어떻게 궁극적으로 하나님께 영광이 될 수 있나요?

____

____

- 하나님의 영광을 위해 다른 사람을 섬기고 교회 사역에 참여한 일이 있다면 나누어 보세요.

____

____

2. 하나님의 새 창조가 시작된 교회

성경 묵상: 에베소서 2:19-22

1. 2장을 읽고 다음 질문을 생각해 보세요.

- 새롭게 깨달은 점은 무엇인가요?

- 특히 동의하는 내용과 동의하지 않는 내용은 각각 무엇인가요?

- 더 자세히 알고 싶거나 명확히 하고 싶은 사항은 무엇인가요?

2. 교회는 새롭게 창조된 공동체입니다. 복음의 능력(롬 1:16; 벧전 1:23)과 성령으로 거듭나서(요 3:3-5; 딛 3:5), 그리스도 안에서 새로운 피조물이 된 사람들의 공동체(고후 5:17)이기 때문입니다. 복음은 교회 존재의 근원이고 교회를 지속시키는 토대입니다(이 책 40-49쪽).

- 여러분 교회 사역에서는 복음 전도가 얼마나 중요한가요?

____

____

- 여러분 교회는 어떤 방법으로 복음 전도에 참여하고 있나요?

____

____

- 교회가 복음을 전하기 위해 지역 공동체와 연결될 수 있는 창의적 방법은 무엇일까요?

____

____

3. 교회는 하나님의 새로운 영적 성전을 상징합니다(이 책 50-55쪽).

- 에베소서 2장 19-22절에 기록된, 성부·성자·성령 하나님과 교회의 관계를 설명해 보세요. 교회를 풍성히 이해하는 데 어떤 도움이 되었나요?

____

____

- 여러분 교회 성도의 삶은 하나님의 임재를 어떻게 드러내고 있나요? 또는 어떻게 드러내야 할까요?

____

____

- 여러분 교회는 이웃에게 하나님의 임재를 어떻게 드러내고 있나요?

____

____

4. 교회는 하나님 나라 공동체, 즉 하나님 나라의 표적이자 도구이며, 하나님 나라를 맛보게 하는 공동체입니다(이 책 55-58쪽).

- 하나님 나라가 물리적 장소가 아니라 하나님이 통치하시는 영역이라면, 교회가 하나님 나라의 도구라는 것은 무슨 뜻일까요?

- 여러분 교회는 하나님 나라를 미리 맛보게 하고 있나요? 예를 들어 보세요.

5. 오늘 모임에서 배운 내용을 정리해 보세요.

- 어떤 면에서 교회를 더 깊이 이해하게 되었나요?

- 그렇다면 여러분과 교회의 관계는 어떻게 달라질까요?

3. 살아 있는 성경인 교회

성경 묵상: 요한복음 8:31-38

스터디 가이드

1. 3장을 읽고 다음 질문을 생각해 보세요.

• 새롭게 깨달은 점은 무엇인가요?

____

____

• 특히 동의하는 내용과 동의하지 않는 내용은 각각 무엇인가요?

____

____

• 더 자세히 알고 싶거나 명확히 하고 싶은 사항은 무엇인가요?

____

____

2. 요한복음 8장 31-38절에서 예수님은 우리를 자유롭게 하고 변화시키는 말씀의 능력을 설명하십니다. 요한복음 8장 31절을 여러 성경 번역본으로 읽어 보세요.

- 예수님 말씀 안에 "거한다"는 말은 실제로 무슨 의미일까요?

3. 로마서 12장 1-2절은 마음이 새롭게 될 때 이루어지는 변화를 이야기합니다.

- 그리스도 안에서 변화된 삶은 세상에 순응하는 삶과 어떻게 다른지 몇 가지로 설명해 보세요.

- 마음을 새롭게 하고 하나님 뜻을 분별하는 데 성경 읽기가 어떻게 도움이 되는지 예를 들어 보세요.

- 가장 도전이 되는 말씀과 삶에 가장 적용하기 어려운 말씀은 각각 무엇인가요?

- 삶의 그 부분이 변화되기 위해 도움이 되는 것은 무엇인가요?

4. 케빈 밴후저는 말했습니다. "교회는 살아 있는 성경이 되어야 한다. 맞다. 이 말은 성경에 등장하는 장면을 문자 그대로 재현(혹은 반복)해야 한다는 뜻이 아니라 … 오늘도 계속해서 예수님을 충실히, (그리고 반드시) 창조적인 방식으로 따르는 것을 말한다"(이 책 87쪽).

- 충실하면서도 창조적인 방식으로 예수님을 따른다는 것은 어떤 의미일까요?

- 여러분의 교회에서 성경 공부와 가르침은 얼마나 중요한가요? 더 힘써야 할 말씀 사역은 무엇인가요?

- 여러분은 성경 읽기와 성경 공부를 어떻게 하고 있나요? 성경을 읽고 공부할 계획을 세워 보세요.

4. 세상이 예측 못할 힘을 가진 교회

성경 묵상: 마태복음 5:1-15

1. 4장을 읽고 다음 질문을 생각해 보세요.

- 새롭게 깨달은 점은 무엇인가요?

____

____

- 특히 동의하는 내용과 동의하지 않는 내용은 각각 무엇인가요?

____

____

- 더 자세히 알고 싶거나 명확히 하고 싶은 사항은 무엇인가요?

____

____

2. 산상수훈에서 예수님은 제자들이 세상의 빛과 소금이라고 말씀하시기 전에 팔복에 대해 말씀하셨습니다(마 5:1-12).

• 팔복에서 말하는 성품은 세상의 빛과 소금으로 살아가는 능력과 어떤 관계가 있나요?

____

____

• 예수님의 제자가 비방과 박해를 받는 상황에서, 세상의 빛과 소금으로 세상에 영향력을 미치는 것이 어떻게 가능할까요?

____

____

• 예수님께 헌신했다면 세상의 핍박을 기꺼이 감당할 준비가 어느 정도나 되어 있나요?

____

____

• 그리스도인을 박해하고 사회에서 기독교의 영향력을 배제하려는 사람들을 어떻게 대해야 할까요?(참고. 롬 12:14; 고전 4:12; 마 5:39, 43-44)

____

____

- 공적 영역에서 일어나는 사회 문제에 그리스도인은 어떻게 대응해야 할까요?

3. 3장에서는 세상의 빛이 되는 한 가지 방법으로 복음 전도를 이야기했습니다. 이번에는 세상의 소금이 되어 악에 맞서고 선한 일을 감당할 수 있는 다양한 방법을 논의해 봅시다.

- 당신과 교회 성도들은 현재 지역 사회 안에서 소금 역할을 어떤 방식으로 하고 있나요?

- 세상의 소금 역할을 할 수 있는 방법을 자유롭게 나누어 보세요.

- 잠언 31장 8-9절과 시편 82편 3-4절은 성도와 교회가 세상의 소금 역할을 하는 방식에 대해 어떤 시사점을 주나요? 실제적인 예를 들어 보세요.

- (행함으로 이루어지는) '소금' 사역이 (말로 복음을 전하는) '빛' 사역이 될 수 있는 방법은 무엇인가요?

5. 경계를 지우고 포용하는 교회

성경 묵상: 요한계시록 5:1-10

1. 5장을 읽고 다음 질문을 생각해 보세요.

- 새롭게 깨달은 점은 무엇인가요?

- 특히 동의하는 내용과 동의하지 않는 내용은 각각 무엇인가요?

- 더 자세히 알고 싶거나 명확히 하고 싶은 사항은 무엇인가요?

---

2. 5장은 모든 사람 가운데 변혁적 교회를 확장해 나가는 두 가지 측면, 즉 모든 사람을 찾아가는 것과 모든 사람을 포용하는 것을 다룹니다.

1) 모든 사람 찾아가기

예수님은 우리 지역뿐 아니라 땅끝까지 가서(행 1:8) 모든 민족을 제자 삼으라고 명하십니다(마 28:19-20).

- 복음을 듣지 못한 이들에게 복음을 전해 제자로 양육하고 선교사를 파송하고 지원하는 사역에 여러분의 교회는 어떻게 헌신하고 있나요?

____

____

- 지역 사회 안에 있는 미전도 종족과 하위문화 집단은 누구인가요?

____

____

- 지역 사회에서 복음을 듣지 못한 민족이나 계층에 다가갈 때 장애물은 무엇인가요?

____

____

• 모든 사람을 찾아가려는 비전과 헌신을 어떻게 강화할 수 있을까요?

2) 모든 사람 포용하기

에베소서 2장 11-22절은 그리스도가 하신 놀라운 일을 묘사합니다. 장벽이 허물어지고 소외된 이들을 포용하고 적대적인 이들이 화해하면서 새사람들의 사회가 창조된 것입니다.

• 우리 사회에서 집단끼리 분열하고 갈등하는 경우를 생각해 보세요.

• 이들이 그리스도를 통해 화해하려면 어떻게 해야 할까요?

• 교회가 '평화를 이루는 사람들'(마 5:9)이 되려면 어떻게 해야 할까요?

- 에티오피아 내시 이야기(행 8:28-40)는 사회 소외 계층을 대하는 태도가 어떠해야 함을 가르치나요?

- 여러분의 교회는 서로 다른 배경(교육, 인종, 민족, 계층 등)을 가진 사람들을 기쁘게 받아들이고 있나요? 바꿔야 할 태도가 있다면 무엇인가요?

- 교회 구성원이 해당 지역 사회의 사회적, 인종적 다양성을 반영하는 것이 왜 중요할까요? 여러분 교회의 다양성은 어떠한가요?

- 다른 사람을 찾아가거나 환영하는 것을 주저하게 만드는 두려움이나 편견이 있나요? 그 문제를 어떻게 극복할 수 있을까요?

3. 모두에게 복음이 전해지고 교회가 모두를 포용할 때 하나님이 어떻게
   영광을 받으시는지 나누어 보세요.

6. 끝없이 확장되는 하나님의 교회

<u>성경 묵상: 누가복음 8:4-15</u>

1. 6장을 읽고 다음 질문을 생각해 보세요.

- 새롭게 깨달은 점은 무엇인가요?

- 특히 동의하는 내용과 동의하지 않는 내용은 각각 무엇인가요?

- 더 자세히 알고 싶거나 명확히 하고 싶은 사항은 무엇인가요?

2. 교회의 선교는 세상의 모든 사람 가운데 변혁적 교회를 확장해 나감으로써 하나님께 영광을 돌리는 것입니다. 그러므로 변화를 일으키는 교회, 곧 사람들을 찾아가고 포용하는 교회가 되는 것만으로는 충분하지 않습니다. 온 세상에 그런 교회를 재생산해야 합니다. 구약 성경은 번

성이 하나님의 명령이자 약속임을 강조합니다.

• 하나님은 아담과 하와에게 "자식을 많이 낳고 번성해 땅에 가득하고 땅을 정복하라"라고 명하십니다(창 1:28). 이 명령을 지킬 때 하나님이 어떻게 영광 받으시나요?

____

____

• 타락한 인류가 번성하면서 땅에 무엇이 가득하게 되었나요?(창 6:5, 11, 13)

____

____

• 아브라함과 이스라엘이 번성하리라고 하나님이 약속하신 까닭은 무엇인가요?(창 12:1-3; 레 26:3-4, 9)

____

____

• 하나님 백성이 번성하는 것과 온 땅이 하나님의 영광으로 가득해지는 것은 무슨 관계가 있나요?(민 14:21; 시 72:19; 렘 3:15-17)

____

____

- 갈라디아서 3장 7-9절은 아브라함의 언약 성취를 어떻게 설명하나요?

____

____

3. **하나님 말씀 확산, 제자 재생산, 교회 성장은 누가복음과 사도행전의 중요한 주제입니다.**

- 누가복음 8장 4-15절 씨 뿌리는 자 비유를 읽어 보세요. 이 비유는 사도행전에 나오는 제자 재생산과 교회 성장을 어떻게 암시하나요?

____

____

- 이처럼 놀라운 성장을 가능하게 한 "씨앗"은 무엇인가요?(참고. 행 6:7; 12:24; 13:49; 19:20)

____

____

- 성경은 교회가 개척되었을 뿐 아니라 전 지역에 재생산되면서 복음이 전해졌다고 기록합니다(이 책 158-165쪽). 교회가 충분히 많기 때문에 이제는 새 교회를 개척하기보다는 기존 교회를 성장시키는 일이 더 중요하다는 사람들이 있습니다. 이 의견에 동의하나요? 반대하나요? 그 이유를 설명해 보세요.

- 선교하는 교회는 수용 능력보다는 파송 능력에 더 초점을 둔다는 말이 있습니다. 여러분의 교회는 지역 사회에, 먼 지역에, 해외에 새 교회를 세우기 위해 성도 파송하는 일에 어떻게 헌신하고 있나요?

- 이 사역을 잘 감당하기 위해 무엇을 해야 할까요?

---

4. 변혁적 교회 재생산은 변혁적 지도자 재생산이 있을 때 가능합니다. 에베소서 4장 11-13절은 하나님이 교회 지도자를 세워 "성도들을 섬기는 일을 준비하게" 하셨다고 말합니다. 바울은 디모데에게 "너는 많은 증인 앞에서 내가 말한 것을 들었으니 이를 신실한 사람들에게 맡겨라. 그러면 그들이 또 다른 사람들을 가르칠 수 있을 것이다"라고 말합니다(딤후 2:2).

- 여러분의 교회는 사역자, 목회자, 선교사를 양성하기 위해 어떤 단계를 밟고 있나요?

- 모든 사역자와 자원 봉사자가 다른 사람을 훈련하는 데 참여하는 사역 모델을 어떻게 개발할 수 있을까요?

- 다른 사람이 성도 섬기는 일을 준비하도록 어떻게 훈련해야 할까요?

결론

성경 묵상: 베드로전서 2:4-12

1. 지금까지 공부하고 함께 나눈 내용을 바탕으로 다음을 생각해 보세요.

- 여러분과 여러분 교회에 가장 중요한 깨달음은 무엇인가요? 그 이유는 무엇인가요?

- 여전히 확신할 수 없고 불편한 주제가 있나요? 그 이유는 무엇인가요?

- 더 자세히 알고 싶거나 명확히 하고 싶은 사항은 무엇인가요?

2. 지금까지 논의한 것을 바탕으로 "이 세상의 모든 사람 가운데 변혁적 교회를 확장함으로써 하나님께 영광을 돌리기 위해 존재한다"라는 교회 선교 선언문을 생각하며 다음 질문에 답해 보세요.

- 여러분 교회는 다음 영역에서 어느 정도나 변화를 이끌어 내고 있나요?
  - 성도 개인의 삶
  - 성도들 간의 관계
  - 빛과 소금이 필요한 지역 사회
  - 모든 사람 찾아가기
  - 모든 사람 포용하기

- 위의 영역에서 교회가 가장 효과적으로 수행하는 사역은 무엇인가요? 이 영역에서 교회가 자랑할 만한 강점은 무엇인가요?

____

____

- 이 강점을 유지하기 위해 할 일은 무엇인가요?

____

____

- 여러분의 교회가 효과적으로 수행하지 못하는 사역은 무엇인가요? 이 영역에서 교회가 해결해야 할 취약점은 무엇인가요?

____

____

- 이 취약점을 극복하기 위해 해야 할 일은 무엇인가요?

---

3. 여러분이 교회나 사역 단체 지도자라면 다음 후속 조치를 고려해 보세요.

- 지금까지 나눈 내용을 생각하며 기도하고, 선교적 사명을 효과적으로 감당하기 위한 우선순위 두세 가지를 적어 보세요.

- 이 우선순위를 실행하기 위한 구체적인 단계를 생각해 보세요.

---

4. 잠시 기도하며 다음 질문에 대한 답을 구해 보세요.

- 우리 교회가 변혁적 교회가 되려면 먼저 우리 자신이 변화되어야 합니다. 내가 변화되어야 할 부분은 무엇인가요?

- 우리 교회가 더욱 변혁적 교회가 될 수 있도록 내가 사용할 수 있는 영적 은사는 무엇인가요?

  ____

  ____

- "이 세상의 모든 사람 가운데 변혁적 교회를 확장해 나감으로써 하나님께 영광을 돌리기 존재한다"라는 교회의 선교 목적을 성취하기 위해 내가 해야 할 일을 구체적으로 적어 보세요.

  ____

  ____